결코 평범하지 '못한' 사람이
써 내려간 '평범한' 일기장

결코 평범하지 '못한' 사람이
써 내려간 '평범한' 일기장

저자 최세호

목차

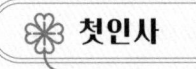

🍀 첫인사

안녕하세요, 이렇게 만나 뵙게 되어서 반갑습니다.
제 이야기에 들어가기에 앞서 제가 어떠한 사람인지 소개 인사 먼저 올리겠습니다.

제목에 "결코 평범하지 '못한' 사람"이라고 표기가 되어 있지요.
그렇다고 해서 제가 무언가 하나에 특출 났다거나 재능이 있기 때문에
"결코 평범하지 '못한' 사람"이라고 표기한 것은 아닙니다.

만일 무언가 하나에 특출 났다거나 재능이 있다는 이유로 표기했다면
"결코 평범하지 '않은' 사람"이라고 표기했을 거예요.
하지만 그러지 아니하고 저렇게 표기한 이유는
제가 겪고 있는 여러 가지의 '정신 질환'들 때문인데요.

저는 우울증, 범불안장애, 강박증, 공황장애 등등
이 말고도 다른 정신 질환들 또한 겪고 있는 사람이기에
"평범하지 '않은'"이 아닌 "평범하지 '못한'"으로 표기했습니다.
'않은'과 '못한'은 하늘과 땅의 차이와도 별반 다를 게 없을 테니까요.

이런 정신 질환들의 약을 복용해 온 기간도 2년이라는 시간이 훌쩍 넘고
어느새 3년이라는 시간을 꽉 채워 가고 있네요.

제 나이 30대 초중반을 가리키고 있는 저는 20대 초반부터

'헬스 트레이너'와 '필라테스 강사'를 병행하며 10년 남짓하게 일한 것이 전부인
'평범'하지 못할 뿐만 아니라 결코 '특별'하지도 못한 지극히 일반인인 남자입니다.

헬스 트레이너와 필라테스 강사를 정리한 지금의 저는 아버지 가게를 도와드리며
그간 많은 분을 상대해 온 탓에 지쳐 버린 심과 신을 치유하고자 노력 중에 있지요.

이쯤 되면 사회생활 거의 모든 기간을 헬스 트레이너와 필라테스 강사를 했다는
사람이
왜 갑자기 이런 글을 써 내려갈까 하는 의문이 드는 분들도 계실 텐데요.

그 이유는 몇 개월 전부터 시작하게 된 독서가 저에게 많은 동기 부여를 심어
주었고,
그 독서가 심어 준 수많은 동기 부여가 저를 움직이게 만들어 주었어요.

저는 독서를 시작함과 동시에 그날 책에서 큰 감명을 받은 글들을 보면
곧바로 핸드폰을 들어 그때 드는 감정들과 생각들을 간략하게 적어 두었다가,
그날그날 곧이곧대로 일기에 써 내려가는 습관 또한 생겼는데요.
그렇게 습관이 된 독서와 일기 쓰기를 시작한 이래로는
아직까진 거의 단 하루도 거르지 않고 꾸준히 하고 있네요.

아무래도 일기를 써 내려가는 습관까지 생겨서 그런지
독서를 통해 얻은 수많은 동기 부여로 인해 생긴 몇 가지의 목표 중 하나가
"나만의 이야기를 담은 자서전 같은 책을 한번 내 보고 싶다."
였습니다.

때문에 이렇게 용기를 내어 감히 글을 써 내려가게 되었네요.
저의 일기장에는 제가 그날그날 아무 이유 없이 느꼈던 감정들이나,
저의 사랑 이야기, 혹은 제가 생각하는 무언가의 철학들이나 제가 생각하는 인
생관 등등을
주로 주제로 한 저만의 주관적인 생각들이 기록되어 있는데요.

말 그대로 '일기장'이다 보니 저의 솔직한 감정과 생각들을 부끄러울지언정
저라는 사람을 최대한 숨김없이 보일 수 있게끔 하는 점에
초점을 맞춘 내용의 글들임과 동시에, 그간 일기를 써 내려왔던 순서 또한
써 내려갔던 그대로 나열해 볼 생각입니다.

이 '순서'에서조차도 수도 없이 오르락내리락하는 제 감정선에
저라는 사람이 어떠한 사람인지 여실하게 나타날 수도 있다고 생각하기 때문이
지요.

"결코 평범하지 '못한' 사람"이 감수성 하나만큼은 평범하다 못해
평범의 기준에도 한참이나 못 미치는 감수성과 형편없는 글솜씨로
써 내려가 찍어 낸 저의 일기장이므로 이제 제가 믿을 것이라곤
이 글을 읽으시는 독자분들의 드넓은 아량밖에는 없을 것 같네요.

서두가 좀 길었지요, 이제 마무리 인사 올릴까 합니다.

수많은 정신 질환을 겪고 있는 저라는 사람이 책을 통해 용기를 얻은 것처럼,
책을 통해 수많은 동기 부여를 얻은 것처럼, 그렇게 제가 책을 통해 힘을 얻어
그게 설령 실낱과도 같은 희망일지라도 희망을 품을 수 있던 것처럼.

"

단 한 사람에게라도 좋으니,

이 글 또한 심신이 지쳐 버린 누군가에게 그게 한낱 위로에 불과할지라도,

또 턱없이 부족한 힘일지라도 좋으니, 그렇게라도 그 누군가에게는 작게나마
희망이 되어

지쳐 버린 심과 신이 조금이라도 쉬어 갈 수 있는 그런 공간이 되었으면 하는
바람입니다.

감사합니다.

"

내가 '우울증'을 '극복'하려 하지 않고 '받아들이려'고 하는 이유.

때는 약 3년 전, 내 발걸음이 '정신 건강 의학과'로 향하던 그날
명확한 이유는 그 당시에도, 약 3년이 지난 지금까지도 모르겠다.
하루에도 수십 번씩 천당과 지옥을 오르내리는 듯한 '감정 기복'에
뭐에 홀리기라도 한 것처럼 나는 '정신 건강 의학과'로
발걸음을 재촉하고 있었고 진료실로 들어가 의사 선생님을 마주했다.

"초진이세요?"

"네.."

"그래요, 그럼 일단 검사부터 진행해 볼게요."

"네.."

건네받은 해당 검사용 태블릿 PC 체크 목록들에 체크를 해 나갈 때만 해도
나는 마음속으로 '뭐야.. 내 상태 멀쩡하네.. 역시 괜히 온 거구나..'
라는 허탈함 반 안도감 반이 섞인 혼잣말을 해 댔다.

그렇게 나는 검사를 끝내고 진료실로 들어가 다시 의사 선생님을 마주했다.

"어.. 흠.. 젊으신 분이 이 지경이 될 때까지
병원에는 안 오시고 뭐 하셨어요?"

"네?"

"어후.. 너무 심각하신데요.. 허허,
보통 젊으신 분들은 검사 결과가 이렇게까진 잘 안 나오는데."

"..."

"여기 보시면 우울증도, 범불안 장애도, 공황 장애도
다 최고 높은 점수로 나왔어요. 강박증도 조금 있으신 것 같구요."

'
아..
아..?
그랬구나..
'

"이건 고민할 것도 없이 바로 약물 치료 들어가야 되는데 동의하시죠?"

본래의 나 같았으면 "아니요, 저 멀쩡하니까 괜찮아요."라고 대답을 했어야 했고,
그게 내가 아는 본래의 내 모습이 맞았는데
그 당시 입 밖으로 힘없이 던졌던 나의 한마디는

"네.."

그렇게 두 알로 시작했던 약이 자연스레 세 알이 되고,
세 알이 점차 네 알이 되고,
네 알이 점차 다섯 알이 되고,
다섯 알이 그렇게 여섯 알이 되고,
결국 약 3년이 지난 지금까지도 복용하고 있는
정착된 내 알약의 개수는 어느덧 일곱 알.

이제 본론으로 들어가서, 내가 '우울증'을 '극복'하려 하지 않고
'받아들이려'고 하는 이유는 가장 크게 두 가지가 있다.

첫 번째 이유로는 큰 의미 없이 단순히 그냥 형식적인 이유이다.
우울증을 극복하기 위한 방법은 일단 본인이 우울증을 앓고 있는
사람이라는 사실을 받아들이는 것에서부터 시작되는 것이라고
말씀하셨던 의사 선생님의 말씀 때문이다.

이제 이 두 번째 이유가 가장 큰 이유가 될 것 같다.
'우울증'은 말 그대로 우울한 '감정' 때문에 힘들어하는 마음의 병이다.
하지만 이 '우울함'도 결국 사람이 가지고 있는 '감정'들 중 하나이다.
안 그래도 '우울함'이라는 '감정' 때문에 힘들어하는 와중인데
이를 애써 극복하고자 또 다른 감정을 억지로 꺼내 들면서까지
감정싸움을 하고 싶지도 않을뿐더러, 할 기력이 없기 때문이다.

그렇기에 가장 크게 이 두 가지의 이유로 나는
'우울증'을 '극복'하려 하지 않고 '받아들이려'고
하는 삶을 살고자 택했던 것이다.

약 3년 전,

내 발걸음이 '정신 건강 의학과'로 향하던 약 3년 전 그날
그렇게 그날 이후로 난,

·
·
·

"
'우울한 나'로서의 새로운 인생이 시작되었다.
"

2025년 4월 30일 수요일,
'이별'

모르겠다.

20대일 때보단 나이가 먹은 30대라서 그런가, 느껴지는 감정이 달랐다.

오랜만에 연애를 했기 때문에 느껴지는 감정은 결코 아니었다.

오랜만에 연애를 했기 때문에 느낀 감정이라는 이유가

아예 없다고 얘기할 수는 없겠지만,

이 이유가 많은 비중을 차지하지 않았음은 분명했다.

당시 그 사람이 처해 있던 상황은 그 사람의 개인 정보이기 때문에

이 공간에 공개할 수는 없지만

20대가 아닌 30대인 만큼 20대였던 그때보다 분명히 더 신중했고,

그 사람의 상황이 어떤 상황인지 잘 알기에

"

더더욱 신중하게 선택한 나의 '인연'이자 '연인'이었다.

"

이유야 어찌 되었든 결말은 이렇게 허무하다면 허무하게 끝이 났고,

더 이상 그 사람에게 연락하면 안 된다.

내가 만일 연락을 한다면, 장기적으로 봤을 때

그 사람이 더 힘들어질 것이다.

명심하자,

술에 취해 연락하고 싶어도 이 악물고 참고 버티자.
그것만이 그 사람을 위한 길이다.

술에 취해 연락하고 싶을 때면, 이 일기를 꼭 한번 읽어 보자.
그럼 술에 취해 연락하지 않은 것이 분명 다음 날이 되면
너무 잘한 일이라는 생각이 들 테니까.

나도 누군가를 좋아할 수 있는 감정이 아직 남아 있는 사람이란 걸
깨닫게 해 준 점이 너무 고맙다.

"우린 누구보다 짧았지만 누구보다 깊었다."

오늘 내가 내린 결정과 내가 뱉은 말이 홧김이 아니었음을.
오늘 내가 내린 결정과 내가 뱉은 말이 진정으로 그 사람을 위한 길이었음을.
"
진심으로 그랬었기를 간절하게 바란다.
"

2025년 5월 3일 토요일, '알 수 없는 기다림'

지금 난 기다리고 있는 게 맞다, 스스로 인정하고 받아들일 건 받아들이자.

다만,

그 사람이 그날의 선택을 후회하고 연락해 주기를 기다리는 건지

아니면 그 사람의 상황이 해결되어 우리가 다시 만나는 날을 기다리는 건지는
나조차도 명확히 알 수 없지만,
지금 당장은 이 둘 중에 무언가 하나를 기다리고 있는 건 확실하다.

이렇게 받아들이고 살다 보면
또 그렇게 어련히 알아서 지나가겠지, 늘 그랬듯.

"

이제 자자, 나도 내일을 또 살아야지.

"

2025년 5월 4일 일요일, '성숙'

나이가 드니 확실히 성숙해지기는 한 것 같다.

과거에 내가 가장 힘들어하던 이별을 경험했을 때
그 당시엔 일도 손에 잡히지 않아 직장을 2주 동안
병가를 내 가면서까지 출근을 하지도 않았었고,
운동마저 거의 손을 놓다시피 했었다.

"솔직하게 얘기해 보자면 지금도 그때 못지않게 힘들다."

일도 손에 잡히지 않고 운동도 너무 하기 싫다.
하지만 그 당시에 폐인과도 같은 삶을 살아가며
망가져만 갔던 나 자신의 모습이 충격이 크긴 했나 보다.

그때 그 모습의 나 자신을 다시는 만나고 싶지 않아서인지,
일도 꾸역꾸역 해내고 손에 잡히지 않는 운동도 꾸역꾸역 해내고 있다.

"지금도 정말 사무치게 보고 싶고 안고 싶다."

헬스장에서 처음으로 말을 섞게 되었던 그때,
그리고 카페에서 처음으로 가지게 되었던 사적인 자리에서
많은 이야기를 나누다, 이야기가 마무리될 무렵에 내가 고백을 했던 날.
그때 그 사람의 모습이 어찌나 이쁘던지, 잊히지가 않는다.

물론 아직 헤어진 지 며칠 안 되었기에 더 그렇겠지.

걱정되고 궁금한 것들이 너무 많다.
나 없이 잘 지내고 있는지, 운동은 잘 해내고 있는지,
그 사람이 처한 상황으로 인해 마음이 힘들다던
그 마음의 건강은 조금이라도 괜찮아지고 있는 건지.

물론 후회가 되는 점들도 있다.

이별 직후 그 사람이 나한테 했던 이야기

"나의 상황이 해결된 다음에 고백해 주지 그랬어요.."

이렇게 될 줄 알았더라면, 그 사람의 말대로
그 사람의 상황이 해결된 다음에 고백할걸..

그 사람에게 믿고 의지하고 기댈 곳은,

이 지역에서는 내가 유일한 사람이었을 수도 있었을 텐데..

"

상황이 다 정리될 때까진
친구로라도 남고 싶다고 그랬을 때 그렇게 해 줄걸..

마지막에 '안녕'이란 말 대신 기다리고 있겠다고 그렇게 말해 줄걸..
"

하지만 첫날 굳게 다짐했었던 그 마음처럼
먼저 연락하는 일은 없을 거다.
그 사람이 더 힘들어질 수도 있으니 참을 거야.

우리가 정말 만날 인연이고 운명이라면 시간이 오래 걸릴지언정
때가 되면 먼저 연락을 줄 것이라 믿어 의심치 않는다.
그러지 않는다면 우린 그냥 운명이 아니었던 거고.

오늘도 먼저 연락하지 않고 잘 참고 잘 기다리고 있네.

그 사람도 오히려 지금 당장은 나를 만날 때보다 더 편하게 잘 있을 거야.
오늘도 나는 내일의 내 삶을 살아가야 하기 때문에 이제 자야지.

"

잘 참았어, 오늘도.
"

2025년 5월 8일 목요일,
'같은 실수를 반복하면 안 돼'

평소에 그 사람과 함께 붙어 있던 시간이
이제는 하루 스케줄 중 비어 있는
시간으로 되어 버렸는데 그래도 생각해 보면

독서, 산책, 운동, 카페 가기 등등
이렇게 무언가를 통해 그 빈 시간을
혼자서 잘 채우며 살아가고 있는 것 같다.

"무너지면 안 돼."

그 당시 너무 힘들어 일과 운동마저 손 놓았던,
정말 사람이길 포기하고 끝도 없이 망가져만 갔던,
그렇게 그때의 그 과거에

"
폐인처럼 살아가는 나 자신을 바라보기만 했던.
"

그런 똑같은 실수를 반복해선 안 되지.
같은 실수를 반복하는 것만큼 바보 같은 짓은 또 없을 거야.

2025년 5월 9일 금요일,
'과거에 머문다는 건'

한 무인 카페에 둘이 마주 보고 앉아 내가 그 사람에게 고백을 했던 그날,
그 사람이 앉아 있던 그때 그 자리, 혼자 자주 와서 그 자리에 앉아
커피를 마시며 독서를 하곤 한다.

고백을 했던 그날, 연상은 연상인가.
사뭇 진지하게 내 고백을 귀담아들어 주고
당황스러웠을 수도 있을 법한 상황에 대응까지 침착하던 그 사람.

그 사람은 "생각할 시간을 좀 달라."라고 했고
"다시 한번 얼굴을 보고 이야기하자."라는 저녁 연락에,
내 일이 끝나는 시간에 맞춰 내가 사는 곳까지 와 주었던 그날.

고백을 받았을 때 당시와는 전혀 다른 모습의
마냥 해맑은 아이의 모습을 하며 나타나고 행동했었다.

이야기를 나눌 때도 텐션이 어찌 그리 다르던지
이 사람이 정말 아까와 같은 사람이 맞나 싶을 정도로 어린아이 같았다.

대답을 할 생각에 부끄러워서 그런가.
말도 많아지고 정말 마치 짱구와도 같던 그 모습이

"나조차도 그 사람이 연상이었단 것을 잠시 잊었을 정도로
그 모습이 얼마나 귀엽고 사랑스럽던지."

과거에 머물고 있는 건 어찌 보면 참 바보 같은 짓이지만
그건 너무 긴 시간을 그러고 있다는 가정이 성립해야 맞는 말이라고 생각한다.

그렇게 긴 시간을 그럴 게 아니라면, 그 전까지는

'생각나면 생각나는 대로'
'잊히지 않는다면 잊히지 않은 채로'
'그걸 받아들이고 내 감성과 이성이 이끌리는 대로'

행동하는 것은 본인 자유라고 생각한다.

난 지금 기다리고 있다.
이 기다림이 얼마나 길어질지 그리고
내가 이 기다림을 얼마나 지속할 수 있을지
그건 모르겠지만, 한 가지 명확한 것은 난 지금

"기다리고 있다."

2025년 5월 10일 토요일, '운명론자'

요즘 새로운 취미로 독서를 시작하게 되었고,
그렇게 오늘도 독서를 하던 와중에 한 문장을 보게 되었다.

"운명론적인 관점에서 고통과 괴로움은 필연적이며,

언제나 내 앞에 놓여 있을 것이다.
모든 기회는 고통과 위기의 얼굴을 하고 온다."

"나는 '운명론자'다."

아니, 더 정확히 얘기하자면 나 스스로도 인지하지 못하는
그 언제부터인가 '운명론자'가 되어 있었다.

가장 큰 예로

"너는 연애 안 해?" 혹은 "왜 여자 안 만나?"
라는 식의 질문을 누군가 나에게 던지면
"주변에 여자가 없어." 혹은 "그럼 소개 좀 시켜 줘."
라는, 이런 별 시답지도 않다고 생각하는 대답들을 하기보다

언젠가부터 내 대답은

"때가 되면 다 알아서 생겨." 혹은
"내가 누군가를 만나지 못하고 혼자 살게 된다면
난 태어날 때부터 혼자 살게 되었을 사람인 거야."
로 항상 동일했다.

누군가 운동에 관한 질문을 던져도 마찬가지였다.

"어떻게 운동을 그렇게 좋아하고 꾸준히 해?"라고 물어볼 때면
"내 생각엔 운동을 좋아하고 꾸준히 할 사람도 태어날 때부터 이미 정해져 있고,
운동선수들도 태어날 때부터 운동선수를 할 운명으로 태어났던 거라고 생각해."

라며 대답했다.

이렇듯 앞서 말했던 것처럼, 나는 나 스스로도 인지하지 못하는
그 언제부터인가 '운명론자'가 되어 있었다.

"

운명론적인 관점에서 고통과 괴로움은 필연적이며,
언제나 내 앞에 놓여 있을 것이다.
모든 기회는 고통과 위기의 얼굴을 하고 온다.

"

다시 오늘 책에서 본 이 한 문장의 이야기로 돌아가
이 글을 쓴 사람은 대체 무슨 근거로

"운명론적인 관점에서 고통과 괴로움은 필연적이며,
언제나 내 앞에 놓여 있을 것이다."

라고 확신을 하는 걸까? 하는 의문은 들었지만, 지금 나의 상황에선
너무 공감할 수 있는 내용이라 사진까지 찍어 놓았다.

지금 내가 그 사람을 기다리면서 느끼고 있는 이 감정이
'운명론적인 관점에서 고통과 괴로움은 필연적'
이기 때문은 아닐까 생각하게 됐다.

그리고

"모든 기회는 고통과 위기의 얼굴을 하고 온다."

이 마지막 한 줄..

지금이 그 고통과 위기일 때일까?

그게 맞다면, 이걸 버틴다면 기회가 오긴 하는 걸까?

이렇게 의구심, 의문점투성이지만 저 말이 사실이라 믿고

그렇게 난 작은 희망을 품어 본다.

2025년 5월 11일 일요일, '완벽했던 하루'

새로 생긴 강박 탓에

전날부터 다음 날 운동할 때 입을 옷가지와,

다음 날 먹을 음식들 준비까지 다 미리 준비해 놓고

전날부터 계획한 다음 날 계획을 곧이곧대로

실행에 옮겨야 하는 이상한 버릇이 생긴 나.

일요일임에도 불구하고

새벽 알람 시간에 칼같이 잘 맞춰 일어나

헬스장 운동보단 싫어하는 홈 트레이닝까지 해내고,

계획한 휴식 시간까지 그렇게 완벽했던 하루의 시작.

그렇기에 조급하지 않게 준비할 수 있어

가게에 도착하자마자 꽤나 마음에 들게 됐던 머리 손질.

내가 바라던 시간에 나가 주시던 점심 손님들에,

내가 원하던 시간에 도착할 수 있던 진안 헬스장.

도착한 헬스장에 내가 가장 좋아하는 주차 자리에
자리까지 비어 있던 주차장.

"

오랜만에 느껴 보는 반갑기도 하고 어색하기도 한
전 연인도 나왔던 시간대의 진안 헬스장의 공기.

"

그리고, 여유로이 계획한 만큼 실행한 디테일 운동.
그렇게 헬스장에서 나와 카페와 서점을 함께하는 카페에 가서
내가 좋아하는 커피 타임 그리고 요즘 새로 재미 들린 독서에,

오늘 무슨 날인지 따사로운 햇살에 선선한 바람까지
정말이지 말 그대로 완벽한 조화였던 날씨.

여유롭게 즐긴 코인 노래방 그리고,
여유롭게 준비한 다음 날 입을 옷가지와 먹을 음식들.

그렇게 가게로 돌아와 샤워를 하는데
물의 온도까지도 내가 가장 좋아하는 물의 온도.
정말 괜히 불안한 마음이 들 정도로 완벽했던 하루.

.

.

.

"이런 날도 있어야지."

2025년 5월 12일 월요일,
'자각'

헤어진 이후 처음으로 자각하고 있단 걸 느꼈다.
제목 그대로 헤어진 이후로 오늘 처음으로
현실을 자각하고 있다는 감정을 느꼈다.

내가 아는 그 사람은 한번 끝을 냈으면
미련 없이 깔끔하게 정리할 줄 아는 사람이다.
내게 이런 말도 한 적 있다

"

본인은 웬만하면 진짜 헤어지지 않는데,
신중히 생각했을 때 헤어지는 게 맞다는 판단하에
한번 헤어지면 정말 끝이다.

"

라고.

무슨 이유에서인지는 모르겠지만 오늘 처음으로,
내가 아는 그 사람은 내 생각이 나는 게 100이라고 가정한다면
적어도 이미 반 이상은 무뎌져 오히려 일에 더 집중하고 있고,
본인만의 시간에 더 집중할 사람이란 걸 자각했다.

이렇게 자각하는 빈도수가 점차 늘어나면서
나도 서서히 그 사람을 잊어 가게 되는 걸까?
그래도 사람의 이

.

.

.

"

실낱같은 희망을 품은 멍청한 욕심.

"

이란 참 버리기 어려운 어리석음인 거 같다.

나도 사람인지라 문득문득 쓸데없는 생각이 든다.
'지금 그 사람은 내 생각을 하고 있을까?'
'그 사람은 지금 나와 같은 감정일까?'
'운동은 잘 하고 있을까?'
'운동을 그만두지는 않았겠지?'
등등..

이런 생각들이 내 의지와는 상관없이 머릿속에 맴돈다.
그런데 오늘 처음으로 이런 생각들이
쓸데없는 생각들이란 걸 자각하고 느꼈다.

앞서 말했다시피 이유는 모르겠지만,
헤어진 이후로 처음으로 느껴 보는 감정이었다.

그래도 아직까진 그 사람 일거수일투족이 궁금하며
또 걱정되는 감정이 훨씬 더 크고,
아직까진 너무 생각나고 보고 싶다.

2025년 5월 13일 화요일,
'회귀'

내 기분을 나조차도 모르겠는 그때로 다시 되돌아온 것 같다.

생각해 보면 요즘 들어 멍 때리는 시간이 다시 많아졌다.
그 사람을 만나기 전에도 나는 혼자 멍을 때리면서,

'지금 나는 기분이 우울한 걸까?'
'지금 나는 기분이 좋은 걸까?'
'지금 나는 기분이 화가 난 걸까?'
등등

'지금 내 기분이 대체 무엇일까?' 하는 생각에
멍을 때리며 많은 시간을 보내고 허비했었다.

이 사실을 그 사람에게도 이야기했었고, 그 사람은

"지금 기분이 어떤지 내가 자주 물어봐 줄게요."
라며 내게 위로의 말을 해 주었었다.

내 기분을 나조차도 몰라 한참을 멍 때리며 시간을 허비했던 내가
그 사람을 만나게 되면서는 적어도,

"

사랑, 행복, 설렘.

"

이라는 기분 좋은 감정들은 명확히 느꼈었다.

"행복했다."

하지만 지금 현재의 나는 내 기분을 나조차도 모르겠는
그때의 나로 다시 되돌아온 것 같다.

오늘은 도로 위를 지나가는 그 사람 차를 본 것 같다.
'그 사람을 마주치진 못해도 지나가는 차라도 봤으면.'
이라는 생각을 하며 내심 기다렸던 평소에는 안 보이더니,

막상 아무 생각 없이 무방비 상태일 때 보게 되니
헤어졌을 때 당시에 느꼈던 슬픔, 아픔, 우울함의 정도가
내면 깊은 곳에서 다시 똑같이 물밀듯이 밀려왔다.

어제 처음으로 현실을 자각했다는 그 와중에도 나는

'그 사람도 나를 봤을까?'
'봤으면 지금 무슨 기분일까?'
'나와 같은 심정일까?'

하는 명청하고 바보 같은 생각을 또 하고 있었다.

지금도 마찬가지다.
이 글을 써 내려가고 있는 지금도 나는, 지금 내 기분이
우울한 건지,
슬픈 건지,

괜찮은 건지,
괜찮은 척하려고 하는 건지,
나조차도 나를 잘 모르겠다..

이렇게 별거 아닌 일에 난 또 한 번 무너져 내린다.

"처음부터 다시 시작해야지.."

2025년 5월 14일 수요일,
'감정 기복'

오늘은 또 어제와는 기분이 달랐다.
갑자기 문득 내 자존감에 대한 생각이 들었다.

사실 난 자존감이 높다. 솔직히 이야기해 보자면
외형적으로 봤을 때 잘난 외모는 아니지만
그렇다고 해서 못났다고 생각해 본 적도 없다.

몸도 마찬가지다. 상대적인 이야기이긴 하나
나보다 몸 좋은 사람들은 셀 수 없이 많다. 하지만,
나는 내 자신이 가지고 싶어 하는 몸의
80% 이상 근접치에 달하는 몸을 가지고 있다고
스스로가 생각하기 때문에
누군가의 몸을 보고 부러워한 적도 없고,

더 필터링 없이 이야기해 보자면
심지어 나는 나 자신의 몸을 80% 이상으로 만족하기에
웬만큼 몸 좋은 사람들을 봐도 나는 내 몸이 더 좋다고 생각하는

그런 사람이다.

그렇다고 겸손하지 못하다고 이야기하는 것이 아니라
그만큼 자존감이 높다는 걸 이야기하고 있는 거다.

경제적인 측면에서도 마찬가지다.
물론 부유한 삶을 살고 있진 않으나
'나는 나라는 사람 자체를 진정으로 사랑한다면'
경제적인 측면은 크게 문제가 되지 않는다고 생각하는 사람이며,
실제로도 나 또한

"

정말 사랑하는 사람과 함께라면 한평생을 원룸에서 살아도 좋다.
"

라고 말한 적도 많고

진정 그렇게 생각할 정도로 경제적인 측면이란
나 자신에게만큼은 걸림돌이 되지 못한다.

우울증으로 인한 우울함이 너무 괴롭고 힘들긴 하나
이건 나라는 사람의 기분이 우울하고 괴로운 거지

"이 우울함과 괴로움 따위가 내 자존감에까지 영향을 끼치진 못한다."

아픔과 슬픔을 향한 자기방어 체계가 발동하여
뇌의 명령으로 인해 갑자기 이런 생각들이 든 건진 모르겠지만
이렇게 생각을 하다 보니, 생각이 자연스레

'그 사람과 헤어진 지금, 과연 아쉬운 사람은 누굴까?'
로 이어졌다.

또 생각해 보니
나는 내가 정말 마음에 드는 사람이 나타난다면
경제적인 측면의 이야기는 맞춰 가야 하는 거라 생각하나
난 자존감이 높은 탓에 외형적으로는 주눅 들지 않고
남자답게 속마음을 이야기할 수 있는 용기도 있으며
그 사람을 진정으로 사랑해 줄 수 있는 그런 사람이다.

이런 생각들이 들다 보니 자연스레
아픔과 슬픔이 평소보다 괜찮아지고 있는 걸 느꼈다.

헤어졌다는 사실에 너무 힘들고 아프고 슬플 때면
나의 자존감에 대해서 자주 생각하는 버릇을 가져야겠다.

2025년 5월 15일 목요일,
'계획대로 하지 않으면
나중에 괴롭다는 것을 기억한다'

"계획대로 하지 않으면 나중에 괴롭다는 것을 기억한다."

이 말은 진짜 좋은 말인 것 같고, 나에겐 더더욱 맞는 말인 것 같다.
어찌 보면 이 또한 '그 사람을 오래 보기 위함'으로
시작되었던 그로 인해 생겨 버린 계획화된 습관이다.

그 사람을 만났을 때부터 아니, 그 사람을 만나기 전부터

"

그 사람을 조금이라도 더 긴 시간 내 눈에 담고 싶은 맘에..

"

새벽 일찍 일어나 운동을 미리 끝마쳐 놓는 습관이 생겼었다.

물론 결말은 이렇게 허무하게 끝이 났지만
습관화하다 보니 새벽에 일찌감치 일어나
운동을 미리 끝마쳐 놓으면 주어지는 이점들이 너무 많아
지금까지 계속 지속하고 있다.

운동은 어찌 보면 건강을 위해서나 혹은,
내가 원하는 또 유지하고자 하는 몸과 체형이 있다면
필수로 해야 하는 '숙제와도 같은 것'이라고 생각한다.

그렇다 보니 새벽 일찍 운동을 끝마쳐 놓으면
큰 숙제를 미리 끝마쳐 놓은 기분에 남은 하루 동안
조금이라도 심적 부담이 덜하다. 그리고,

가게는 바쁠지 안 바쁠지 항상 미지수이기 때문에
운동을 시간에 쫓겨 해야 하는 거 아닌가 하는 조바심도 없고 또한,

원래 운동하던 시간에 독서, 드라이브, 산책 등등
여유로이 내 여가 시간을 보낼 수 있다는 이점까지 생긴다.

"더군다나 마음이 불편한 것보다 몸이 불편한 게 낫고,
마음이 힘든 것보다 몸이 힘든 게 낫다고 생각하는 나에겐."

지키면 나쁠 것 없는 습관이라 계속 지속하고 있다.
물론 새벽에 일어나 운동까지 하는 게 너무 힘들고 피곤하지만
그때 잠깐만 참으면 남은 하루를 조금이라도 맘 편히 보낼 수 있다.

"

그 사람 덕분에 좋은 습관 하나가 생긴 것 같다.
항상 마음속에 새겨 두며 잘 지켜 나가야겠다.

"

2025년 5월 16일 금요일,
'오랜만에 연애 콘텐츠
유튜버 김달(Moon) 님의 영상을 봤다'

오랜만에 유튜버 '김달(Moon)' 님의 영상을 봤다.

주제는
"헤어진 상대방 무조건 후회하게 만드는 방법."
이었다.

그 사람이 후회하길 바라는 마음에서 본 건 아니다.

군이 따지자면 그 사람이 후회하길 바라는 마음 반,
후회하지 말고 진심으로 편안했으면 하는 마음이 반이다.

그래도 지금 내 상황이 상황인지라
제목을 보고 궁금해져서 영상을 보게 되었다.

'김달(Moon)' 님의 말에 따라 결론부터 말하자면
후회하게 만드는 방법은 존재한다.

단,

그 후회의 정도는 사람마다 다르고, 후회를 한다고 한들
눈곱만큼 후회하는 사람이 있는가 하면,
정말 많이 후회하는 사람도 있다고 한다.

방법은 이러했다.

일단 본인이 '진심으로' 행복해져야 한다는 조건이 걸린다.
행복해지는 이유가

'직업적으로 성공한 것'이 되었건,
'돈'이 되었건,
'하는 일마다 잘 풀려서'가 되었건,

이유를 막론하고 일단 본인 먼저 '행복한 척'이 아닌
'진심으로' 행복해져야 한다는 점을 강조했다.

본인이 '행복한 척' 카카오톡 프로필을 꾸며 내고

본인이 '행복한 척' 인스타그램 게시물을 올리고
본인이 '행복한 척' 모든 SNS에 티를 내고
이렇게 매일이 행복한 것처럼 꾸며 내면 안 된다고 했다.

본인이 '진심으로' 행복해져서 카카오톡 프로필을 바꾸게 되고
본인이 '진심으로' 행복해져서 인스타그램 게시물을 올리게 되고
본인이 '진심으로' 행복해져서 모든 SNS에 티를 냈을 때
그때가 비로소 '상대가 진짜 후회하게 되는 타이밍'이라고 했다.

지금 내 앞에 높인 상황에서 나는 이 말을 이렇게 해석했다.

"아.. 내가 '진심으로' 행복해진다는 것은
내가 무언가에 '진심으로' 행복해져서
그 진심 어린 행복으로 인해
그 사람이 '자연스레 잊힐 때'구나.."

이 말은, 즉
"내가 '진심으로' 행복해졌을 때."
=
"내가 그 사람을 진정으로 잊었을 때."
라는 공식이 성립되고
이 공식은 곧

"내가 '진심으로' 행복해져서 자연스레 그 사람 생각이 나지 않을 때."
를 의미하게 되며

그럼 이와 반대로

"내가 '행복한 척'을 한다는 것."

=

"내가 아직 그 사람을 못 잊었다는 것."
이라는 공식이 자연스레 성립되고

그렇다면 스스로에게 냉정하게 물어봤을 때

"요즘 애써 '행복한 척', '괜찮은 척'하려고 하는 나."

=

"여전히 나는 아직 그 사람을 못 잊었구나."
라는 공식이 성립된다.

요즘 항상 애써 행복한 척, 괜찮은 척하는 나,
"그런 나는 여전히 그 사람을 못 잊었구나."

오랜만에 보게 된 유튜버 '김달(Moon)' 님의 영상.
물론 '김달(Moon)' 님의 모든 말이 맞다고 단정 지을 순 없지만
오랜만에 많은 걸 느끼게 하는 영상이었다.

많은 사람의 연애, 사랑, 이별, 아픔 등등에 대해서
고민 상담을 해 주시는 연애 콘텐츠 유튜버 '김달(Moon)'

그런 '김달(Moon)' 님은
본인 스스로가 많은 사람에게 말씀해 주시는 것을
본인의 연애, 사랑, 이별, 아픔에 있어서도 똑같이 적용할까?

2025년 5월 17일 토요일,
'피팅 모델'이라는 새로운 꿈

'피팅 모델'이라는

"새로운 꿈."

어젯밤에 친누나와 상의를 나눈 후
'모델나라'라고 하는 피팅 모델 구인 공고 홈페이지에
내 신장, 체중, 상의 사이즈, 허리 사이즈, 발 사이즈 등등을 기재해,
내 프로필을 등록했다.

'모델나라'라고 하는 피팅 모델 구인 공고 홈페이지는
나의 사진과 신체 스펙 그리고 경력(이력) 등을 기재하여
프로필을 등록하게 되면 수많은 에이전트가
해당 홈페이지에 등록된 프로필을 보고 본인들이 찾고자 하는 모델이 보이면
그 모델에게 연락을 주는 그런 시스템의 홈페이지이다.

항상 내면 깊은 곳에 '피팅 모델'에 대한 로망이 있었지만
'감히 내가 모델을?'이라는 생각에 시도해 볼 엄두조차 내지 못했었다.

그러나 독서를 하는 요즈음

"해 보지도 않고 후회하는 것보다 해 보고 후회하는 게 낫다."

"시도조차 안 하면 실패할 확률은 0%이지만,

성공할 확률도 0%이니 당장 움직여라.”

“두려워하지 않는 것이 용기가 아니라 두려워도
계속하는 것이 용기이다.”

“지금 하는 일이 좋아하는 일이 아니라면 끝까지 할 확률은 거의 없고,
좋아하는 일을 해야 끝까지 할 수 있다. 그러니 지금 하는 일이
좋아하는 일이 아니라면 당장 중단하고 좋아하는 일을 시작하라.”
등등

책에서 이런 동기 부여가 되는 내용들을 많이 보게 되었다.
그로 인해 용기를 얻게 되어 프로필을 등록하게 되었다.
여기서 내게 가장 와닿았던 내용은

“지금 하는 일이 좋아하는 일이 아니라면 끝까지 할 확률은 거의 없고,
좋아하는 일을 해야 끝까지 할 수 있다. 그러니 지금 하는 일이
좋아하는 일이 아니라면 당장 중단하고 좋아하는 일을 시작하라.”였다.

내가 좋아하는 거라고는 운동, 독서, 산책, 드라이브..
여기서 내가 살릴 수 있을 만한 것이 무엇일까 하다 생각이 난 건데
평소에도 낮은 체지방 상태를 유지하며 살아가는 나는
‘언제든 촬영을 할 수 있는 몸 관리가 되어 있다.’라는 이점이 있었다.

이렇게 나는
‘독서에서 얻게 된 용기’와
‘내면 깊은 곳에 항상 잠재되어 있던 로망’이
합쳐짐으로 인해, 이런 생각들이 들다 보니

항상 내면 깊은 곳에 감추고만 있던
'피팅 모델'에 대한 꿈의 로망이 다시 꿈틀대며 올라왔고
그렇게 과감하게 용기를 내어 프로필을 등록하게 되었다.
아주 작은 회사의 에이전트에서라도 연락이 온다면 너무 신기할 것 같다.

항상 내면 깊은 곳에 자리 잡고 있기만 했던

"

피팅 모델의 꿈.

"

"이제 나는 이 꿈을 한번 실현시켜 보고자 한다."

2025년 5월 18일 일요일, '비움'으로 인해 채워 나가는 행복과 설렘

오늘도 역시나 독서를 하던 중 감명 깊은 글을 하나 보게 됐다.

"하나도 없다는 건,
새로 채워지는 걸 경험할 수 있다는
무한한 가능성이야."

이 글을 쓰신 작가님께서는 숫자 중에 0을 가장 좋아한다고 하셨다.

그 이유는

1을 가지게 되면 나머지 9를 채워
10을 가질 욕심을 내게 되고,
그렇게 10이 채워지면
20을 가질 욕심을 내게 되며,
연달아 30, 40, 50
계속 욕심을 내게 될 거라고 하셨다.

그렇기에 무엇이 얼마나 채워져도 만족할 수 있는,
그리고 항상 무엇이 얼마나 채워질지 모를 행복과 설렘이 있는
'숫자 0'을 가장 좋아한다고 하셨다.

이 말이 뜻하는 바를 나는

"'비움'을 배움으로써
그 무언가를 채워 나가는 행복과 설렘."
으로 해석했다.

'하루하루 날마다 주어지는 오늘이라는 선물'에
마음을 비움으로 인해서

'오늘은 나에게 어떤 일이 일어날지'
'오늘은 혹시나 새로운 인연이 맺어지게 되진 않을지'
'오늘은 혹시나 기분 좋은 일이 생기진 않을지'
같은 항상 무엇이 얼마나 채워질지 모를
행복과 설렘의 기분으로 살아가는

"

'숫자 0'과 같은 사람이 되자.

"

라고 해석했다.

이를테면
'오늘 나에게 이성이든 동성이든
새로운 인연이 맺어지게 되진 않을지'
'오늘은 혹시 그 사람에게 연락이 오지 않을지'
'오늘은 혹시 그 사람을 다시 만나게 되지 않을지'

그 사람이면 가장 좋겠지만 굳이 꼭 그 사람이 아니더라도,
내가 지금 살고 있는 지역의 사람들이나 혹은 내 고향 친구들이

"이곳은 너무 시골이라 이곳에서는 절대 아무도 못 만난다."
라고 말했을 때

'내가 그 사람을 만난 것처럼'
'오늘은 혹시 나에게 새로운 연인이 맺어지게 되진 않을지'
라는 생각에 그렇게 하루하루를
항상 무엇이 얼마나 채워질지 모를 행복과 설렘으로 살아가자는 말.

나에겐 그런 의미로 받아들여졌다.

그렇기에
나도 '비움'을 배움으로써
하루하루 날마다 주어지는 오늘이라는 선물에
항상 무엇이 얼마나 채워질지 모를 행복과 설렘의 기분으로 살아가는

"그런 '숫자 0'과도 같은 사람이 될 수 있게 노력해 봐야겠다."

2025년 5월 19일 월요일, '한 걸음, 한 걸음'

"
그래, 한 걸음 그렇게 한 걸음
그렇게 내디뎌 보는 거야.
"

독서를 시작하길 정말 잘한 것 같다.
동기 부여가 되는 좋은 글들을 많이 본 덕분에
내가 무언가를 하기 위해 움직이기 시작했다.

어제는 '모델나라' 홈페이지에 프로필 등록을 했고
오늘은 나의 새로운 취미도 만들 겸
그리고
모델 업체 회사의 에이전트분들께 어필도 할 겸?

그렇게 겸사겸사 '나의 패션 전용 인스타그램 계정'을 새로 만들었다.

조금 많이 낯부끄럽긴 하지만, 책에서 본 내용들 그대로
"해 보고 싶은 거 다 해 보고 살기도 짧은 인생
남 눈치 보지 말고 해 보고 싶은 거 다 해 보자."
"아무것도 하지 않으면, 아무 일도 일어나지 않는다."
등등, 이런 많은 말이

"잘되면 좋은 거고 안되면 경험이지."

라는 용기를 나에게 심어 주어 나를 움직이게 했다.

막말로 혹시 알아?
진짜 잘되어서 큰돈을 벌게 될지?
그래서 우리 가족의 형편이 그리고 나의 형편이 나아질지?
그렇게 나의 형편이라도 나아져서

그 사람이 말했던,

"

본인이 처한 상황 그리고 내가 처한 상황 모두가 해결되어
맘 편히 만나고 싶다.

"

그 두 가지 조건 중에 내가 처한 상황 하나라도 충족되어
'맘 편히 만날 수 있을 그날에 한 발짝이라도 더 가까워질지?'

그 사람이 이야기했었다.

"당신이 처한 상황이 나아질 수 있게 무언가라도 해 봐야 하지 않겠어요?"
라고.

그리고 나는 그 '무언가'를 오래 걸릴 수 있고
확률도 희박한 '피팅 모델' 쪽으로 걸었다.

"왜?"

앞서 말했듯이
"해 보고 싶은 건 다 해 봐야 하니까."
그래야

"

누구를 위한 인생도 아닌
나를 위한 내 인생을 살아가는 거니까.

"

이렇게 시작하게 되니
'내일은 무슨 옷을 어떻게 입어 볼까?' 하는 설렘이 생김과 더불어
살아가는 재미까지 하나 더 추가된 것 같다.

독서에서 얻은 동기 부여로 인해
'무언가의 새로운 도전을 시작하게 된 내가'
그리고,
'그 도전에 한 걸음 더 내디딘 것만 같은'
그런 '오늘'이

"나는 너무 좋다."

2025년 5월 20일 화요일, '인생 시계'

'하루=3초'

'한 달=1분 30초'
'일 년=18분'

인간의 평균 수명

"

80년.

"

그 인간의 평균 수명 80년이 '24시간이라는 가정하에'
하루, 한 달, 일 년을 각각 시간으로 환산한 수치이다.

이 공식으로 접근해 보면 내 나이 32세인 지금 이 순간,
인생 시계가 가리키고 있는 내 현재 인생의 시간은

'오전 9시 36분.'

평균적으로 직장인들이 이제 막 출근을 하여
일을 시작한 지 얼마 되지 않았을 때의 시간이다.

지금 내 인생의 시간은 겨우 '오전 9시 36분'이다.
내가 무언가를 시작하기에 전혀 늦지 않은 시간이다.

설령 어떤 하루를 허투루 보냈다고 해도 겨우 3초가 지났을 뿐이기에
조급해하지 않아도 되며,

심지어 요즘은 하루하루를 허투루 보내고 있지 않다고

나 스스로가 그렇게 생각하고 자신한다.

일, 운동, 독서, 일기 쓰기, 피팅 모델 프로필 등록에
피팅 모델 회사의 에이전트분들께 어필이 될 수 있게
나만의 패션 전용 인스타그램 계정 생성,

이미 과거에 찍어 놓았던 전신이 나온 사진들은 다 업로드하였고
앞으로도 꾸준히 업로드할 생각이다.

이렇게 하루하루 알차게 채워 가며 살아가고 있다.
물론 돈이 될 만한 것들은 아니지만 난 돈이 목적이 아닌

"행복이 목적인 삶을 살아가고 싶은 사람이다."

많은 사람이 이렇게 말한다.
"돈이 있어야 행복할 수 있다."라고..

나는 '돈=행복'이라는 사실을 믿고 싶지도 않은 사람이며
실제로도 절대 아니라고 생각하는 사람이다.

물론 사람마다 생각하는 것이 다를 수 있는 부분이고
돈이 있으면 '편하다'는 나도 인정하지만
돈이 있어야만 '행복하다'는 인정하지 못한다.

지극히 내 주관적인 생각이지만 더 솔직하게 말하자면
진짜 속물 같아서 내가 저렇게 살기도 너무 싫고,
심지어 저렇게 생각하는 사람들까지 좋게 보지는 않는다.

그렇기에 나는 '행복'이 0순위인 확고한 목표를 정했다.
그 목표는

"아주 작은 회사의 모델이라고 해도 한 회사의 피팅 모델로서
단 한 번이라도 촬영해 보기."

단기적인 목표가 될 수도 있고 장기적인 목표가 될 수도 있다.

하지만

"절대 불가능한 일이라고 생각하지 않는다."
아주 오래 걸린다고 해도 나는 저 목표를 이룰 때까지

내 인생 시간
'하루 3초를'
'한 달 1분 30초를'
그리고
'일 년 18분을'

지금처럼 계속 알차게 채워 나가며 살아갈 것이다.
다시 한번 이야기하지만 불가능한 일이라고 생각하지 않는다.

왜냐하면
내 인생 시계는 겨우
'오전 9시 36분'을 가리키고 있고,

나는 어느 누가 뭐라고 떠들어 대도
'내' 삶을 살아갈 것이며

'돈'이 0순위가 아닌 '행복'이 0순위인

그런 삶을 살아갈 거니까.

'승리 공식'

절대 질 수 없는 계획을 수립하고

그 계획을 지켜 내는 것.

– 김광호 코치/BODY 101 –

이렇게 나는

"내가 절대 불행할 수 없는 미래를 오늘도 지켜 낸다."

2025년 5월 21일 수요일, '멋진 실수를 통해 배워라'

"계획을 세우지 마라.

스무 살에 이걸 하고 다음에는 저걸 하고,

하는 식의 계획은 내가 볼 때 완전히 난센스다.

완벽한 쓰레기다.

그대로 될 리가 없다.

세상은 복잡하고 너무 빨리 변해서 절대 예상대로 되지 않는다.

대신 뭔가 새로운 것을 배우고 뭔가 새로운 것을 시도해 보라.

그래서 '멋진 실수'를 해 보라.

실수는 자산이다.
대신 어리석은 실수를 반복하지 말고,
멋진 실수를 통해 배워라."
– 미래학자 다니엘 핑크 –

그렇다, 많은 사람이

"실패는 좋은 경험이다." 혹은 "실패는 성공의 어머니다."
라고 많이 이야기한다.
거의 고정관념으로 박혀 있다시피 우리에게 그렇게 인식되어 있다.

나도 저 글을 보고 나서야 깨달은 거지만,
나를 포함해 '실수'를 좋은 경험이라고 말하는 사람들은 거의 보지 못했다.

저 글을 보고 나서 생각해 보면
'실수' 또한 '실패'만큼이나
좋은 경험이 될 수 있다.

'실수'의 정의는
'조심하지 아니하여 잘못함. 또는 그런 행위.'이다.
'조심하지 아니하여 잘못함.'

그렇다면 내 생각엔 보통의 '일반적인 실수'는
'내가 하는 행동을 크게 인지하지 못하고 있는 상태에서,
무언가의 행동을 했을 때 의도치 않게 벌어졌을 가능성'이 크다.

그렇다면 말을 조금 바꾸어서 질문을 던져 보자.

위에서 내가 말한 의도치 않게 벌어진
보통의 '일반적인 실수'와는 다르게
내가 하는 행동을 명확히 인지한 상태에서 행동한

'의도된 실수'라면?
과장을 조금 보태서
'계획적인 실수'였다면?

물론 보통의 '일반적인 실수'에서도 얻는 깨달음이 분명히 있을 거다.

하지만,

내가 하는 행동을 인지하지 못하고 있을 때 벌어진
보통의 '일반적인 실수'에서 얻는 깨달음보다

철저히 내 계획하에 의도된 것이며
내가 하는 행동을 명확히 인지하고 있을 때
벌어진 실수인 '의도된 실수'에서 얻을 수 있는 깨달음이
훨씬 더 많을 거라 생각한다.

이게 바로 저 글에서 의미하는
'멋진 실수'
아닐까?

요즘 들어 '피팅 모델의 꿈'에 점점 진심이 되어 가는 나.
전에도 말했다시피 불가능한 일이라고 생각하지 않는다.

하지만

사람 일은 한 치 앞도 알 수 없는 것이기에
이루지 못할 수도 있다는 가능성 또한
물론 아예 배제하지 않고 염두에 두고 있다.

그러나

나는 이 사실을 알고 명확히 인지하고 있으면서도
'단 한 번이라도 피팅 모델로서 촬영해 보기'라는
내 꿈을 한번 실현시켜 보고자 조금씩 움직이고 있다.
'실패'를 한다고 해도 상관없다.

왜냐하면

내 꿈이 실현이 안 된다고 해도 내가 지금 하는 행동은
'실패'가 아닌

내가 하는 행동을 인지하지 못하고 있을 때
벌어진 보통의 '일반적인 실수'에서 얻을 깨달음보다

철저히 내 계획하에 의도된 것이며
내가 하는 행동을 명확히 인지하고 있을 때
벌어진 실수이기 때문에 얻게 되는 깨달음이 분명히 더 많을

그런

"

멋진 실수.

"

일 테니까.

2025년 5월 22일 목요일, '잊혀 간다, 그리고 나도 누군가에게서 잊혀 간다'

"잊혀 간다.
그리고,
나도 그렇게 누군가에게서

잊혀 간다."

내가 누군가를 잊어 가고 있고,
나도 누군가에게서 잊혀 가고 있다는 이 가슴 시린 현실이

내 살갗 한 점 한 점이 아려 오듯이,
내 몸속 세포 하나하나가 요동치듯이,

그리고 하다못해
뼛속까지 시려 오는 게 실제로 체감이 되듯이 느껴진다.

누군가를 잊어 가고, 누군가에게서 잊혀 간다는 게
가슴 시린 이야기란 건 이미 나도 익히 들어 알고 있었지만
"잊힌다는 것만큼 무서운 게 없다."라는 말은 말로만 들었지
이렇게 체감이 되듯 느껴진 적은 단 한 번도 없었다.

지금까지 숱한 연애를 경험했지만
이 가슴 시린 현실이 '무섭다'라는 느낌을
어딘가에 적나라하게 표현해 보는 것은 처음이다.

누군가를 잊어 가고, 누군가에게서 잊혀 간다는 게
이토록 무서운 일이었구나.

내가 무언가에 집중하려고 억지로 '노력'하는 것이 아닌
'진심'으로 무언가에 집중하고 있을 때
내가 그 사람 생각을 안 하고 있었다는 것을 은연중에 느꼈다.

이를 인지하고 나니 그 현실이 너무 무섭더라.

운동, 독서, 일기 쓰기, 드라이브, 사진 촬영 등등
무언가에 집중하는 일을 많이 하는 요즘

자연스레 그 사람이 떠오르는 빈도수가 줄어들게 되었고
집중력이 극에 달했을 때는 그 사람 생각이 일절 나지 않더라.

"좋아해야 하는 것일까.
아니면,
무서워해야 하는 것일까."

"무언가에 집중하려고 해야 하는 것일까.
아니면,
그 사람이 잊히는 것이 두려워 절제해야 하는 것일까."

그럼 일에 진심이었던 그 사람은,
진심이었던 만큼 일에 집중을 잘 하니
그 사람에게서 나는 당연히 잊혔을까.

일뿐만 아니라
본인이 하는 모든 일에 집중을 잘 하는 그 사람이기에
내가 그 사람을 떠올리는 빈도수보다,
그 사람이 나를 떠올리는 빈도수는
확연히 적지 않을까.

이렇게 우리는
서로가 서로에게 잊혀 가고,
서로가 서로를 잊어 가는,
단지 그런 사이였을까..

그냥 시간이 지나면 자연스레 서로를 잊어 가는,
그냥 스쳐 가는 인연 중에 하나였던,

서로가 서로에게 실제로 특별했던 것이 아닌
사실은 특별한 것이라 믿고 싶었던,

그런 평범한 연인들과 다를 것 없는,
우리도 서로가 서로에게 그런 평범한 존재였을까..

우리의 결말은 결국,
서로가 서로에게 잊혀 가고
서로가 서로를 잊어 가는 결국 그런 결말이었던 걸까.

"결코 평범하지 '못한' 내가

이 '사랑'마저도

평범하지 '못하고' 싶었던 것은

내 욕심이었던 걸까."

운명이 나에게 허락한 유일한 '평범함'은 단지

"

'사랑' 뿐이었던 걸까.

"

2025년 5월 23일 금요일,
'의. 연. 함.'

"

단단하게 걸어 보면 깨달을 거야.

혼자가 아니었으면 하는 마음에

마구 손을 내밀 때가 오히려 더 외로웠다는 것을.

바람까지도 품을 수 있게 되니

비로소 혼자가 아니라는 것을.

"

결국 시련과 외로움을 이겨 낼 수 있는 마음가짐과 자세는

어떠한 시련과 외로움이 와도 묵묵히 내 갈 길을 걸어 나갈 줄 아는

'의. 연. 함.'인 것 같다.

생각해 보면 맞는 말인 것 같다.
힘든 일이 있을 때나, 혼자인 게 외로울 때면
여기저기 마구 손을 뻗어 도움을 받거나 위로를 받지만
돌이켜 생각해 보면 항상,

'위로'는 되었을지언정 '해결'은 되지 않았다.

애초에 '도움'이나 '위로' 따위를 받는 게 목적이었다면
이미 충분한 '도움'이나 '위로'를 받았음에도 불구하고
또다시 여기저기 손을 뻗어 '도움'이나 '위로'를 청하지 않았을 것이다.

어쩌면 우리가 바랐던 것은 '도움'이나 '위로' 따위가 아닌,
사실상 우리의 속내는 참으로 위선적이게도

"'해결책'을 바랐는지도 모른다."

이 말은, 즉 내 생각엔

겉으로는 '도움'이나 '위로'를 바라고 있으나 현실 우리의 속내는
'해결책'을 바라고 있으니, 여기저기 그 누구의 이야기를 경청을 한들
우리가 듣고 싶은 그 '해결책'은 나오지 않아 이미 숱한 '도움'이나 '위로'를
받았음에도 불구하고 '해결책'이 나왔으면 하는 마음에
또다시 여기저기 손을 뻗게 되는 것이다.

하지만 또다시 여기저기 손을 뻗어 봐도

'해결책'이 나올 리는 만무,
우리가 진정으로 원하는 것이 나오지 않으니
여기저기 손을 뻗어 봐야 그조차도 이내 지쳐 버려
더 힘들어지거나 더 외로워진다는 것.

그렇기에,

"단단하게 걸어 보면 깨달을 거야.
혼자가 아니었으면 하는 마음에
마구 손을 내밀 때가
오히려 더 외로웠다는 것을."

이라고 표현한 것이 아닐까?
그렇다면 이 말을 내 방식대로, 반대로 해석해 보자면

"단단하게 걸어 '봐야지만'이 얻을 수 있는 깨달음."

이라는 결론이 나온다.

그 어떠한 시련과 외로움이 와도, 이 시련과 외로움까지 품고
묵묵히 내 갈 길을 걸어 나갈 줄 아는
그 시련과 외로움 따위에 흔들리지 않는
그런 '의연함'만 갖춘다면,

그만큼 성숙해진 새로운 '내'가 되어
적어도 시련과 외로움 때문에 힘들어하는 일은 없을 테니
그때야 비로소 혼자가 아니라는 것을 깨닫지 않을까?

그 시련과 외로움을 '바람'에 비유해
"바람까지도 품을 수 있게 되니 비로소 혼자가 아니라는 것을."
이라고 표현한 것이 아닐까?

어쩌면 우리는 힘이 들 때면 그 누군가에게
'도움'이나 '위로' 따위를 바랐던 것이 아닌
'해결책'을 바랐던 것일지도 모르겠다.

그 전에 우리는, 어떠한 시련과 외로움이 와도
묵묵히 내 갈 길을 걸어 나갈 줄 아는
'의연함' 먼저 갖춰야 하지 않을까?

그럴 수만 있다면
시련과 외로움조차도 품에 안을 줄 아는,
그조차도 받아들일 줄 아는,
그렇게 어느새 나는,

"

그런 단단한 사람이 되어 있지는 않을까?

"

2025년 5월 24일 토요일,
'소식조차, 그리웠어요'

"

소식조차,

그리웠어요.

"

오늘 여느 때와 다름없이
새벽 운동을 마치고 헬스장에서 나오는 길에
운동을 놓지 않고 꾸준히 잘 하고 있다는
당신의 소식을 우연치 않게 전해 듣게 되었어요.

역시나 내가 아는 당신은, 내가 예상했던 당신처럼
의연하게 잘 해내고 있는 것 같더군요.

물론 당신은 운동뿐만 아니라
일도,
강아지 산책도,
마음의 치유도
의연하게 잘 해내고 있겠죠.

무언가 앞에 냉정하게 놓인 현실에
이성적인 판단보다 감성적인 판단에 치우쳐 버리는 나와는 다르게,

현실을 이성적으로 현명하게 잘 판단할 줄 아는,
내가 아는 당신은 그런 사람이니까요.

하지만 문득 이렇게 당신의 소식을 접하게 되니,

나에게 운동을 배우기 전까진
"밑바닥에서 살아가는 것 같았다."
말했던 당신이,

"그런데 그 밑바닥에서 구원해 준 것만 같아 내게 너무 고맙다."
말했던 그런 당신이,

나라는 사람의 존재로 인해 오히려

"

본인이 다시 밑바닥으로 끌려 내려가는 것만 같다.
"

나에게 말하며, 당신의 말이 극명하게 뒤바뀌어 버린 이 현실이,
다시금 믿기지 않네요.

그런 당신의 '힘듦'까지도 완전한 치유를 시켜 줄 수 있는
그 정도의 힘은 나에겐 없었나 봐요.

이제 와서 생각을 해 보니

"이런 식으로 만나다가는 서로 더 힘들어질 것이라

지금 당장은 서로를 위해서라도 헤어지는 것이 맞다."

라고 말하며 이별을 고했던 당신이

정녕 서로를 위해 이별을 고한 거라는 생각보다,
당신은 나보다 당신 본인을 더 사랑하기에
이별을 고한 거라는 생각이 드네요.

원래 사람은 상대보다 본인을 더 사랑하며 살아가야 맞는 거라 하지만
이 생각이 나를 더 초라하게 만드는 건 어쩔 수 없네요.
그렇지 않아도 난 아직 힘들고 괴로운 와중인데 말이에요.

하지만 만에 하나 모든 힘듦과 괴로움이 전부 내 몫이라 가정하여도
당신이 심적으로 건강해질 수만 있다면 난 그거 하나로 괜찮아요.

힘든 건 내가 힘들고, 괴로운 건 내가 괴로울 테니
당신은 지금처럼 의연하게 잘 살아가 줘요.
그렇게 심적인 건강 잘 치유해 가며 살아가 줘요.

그래서

"

'내가 이렇게 힘들고 괴로운 걸 꾹 참아 가며
살아가고 있는 것이
당신의 심적인 건강이라도 좋아지는 거니까.'
라는 최소한의 이유라도 내게 만들어 줘요.
"

꼭 그렇게 항상 의연하게,
어디 하나 아프지 말고 잘 지내 줘요.

이렇게 소식으로나마 만나게 되어 반가웠어요.
다음에 또 좋은 소식으로 만나요.

"

안녕.

"

"조금은 짧았던 영화가 끝이 났다.

유쾌한 코믹이었고,
슬픈 로맨스였으며,
달콤한 멜로였다.

이제 다시는 볼 수 없는
그런 영화임을 알기에
이제 조금은 천천히 일어서려 한다."

2025년 5월 25일 일요일,
'행복의 근원'

요즘 들어 '행복'에 관하여 많은 생각을 하다 보니
일말의 고민도 없이 "나는 행복하다."라고

말할 수 있으려면 대체 무엇이 필요한 걸까?
하는 생각이 들어

항상 '행복'을 말하면
거의 필연적으로 함께 입에 오르는 '돈'이 떠올라
'돈이 곧 행복'이라고 생각하냐는 질문을 많은 사람에게 던져 봤다.

"돈이 '있어야만' 행복한 것이냐."
를 물어본 것이 아니다.

나는 "돈이 곧 '행복'을 뜻하냐."
즉, '돈=행복'이냐고 물은 것이다.

그런데,

내 예상과는 다르게 많은 사람의 대답이
너무 한쪽으로 치우쳐 그저 놀라웠다.

그들의 대답은 거의 십중팔구 "그렇다."였다.
나 스스로는 이해하기 힘들고 납득이 가질 않아

"

나는 지금 돈이 '있어야만'
행복한 것이냐를 물어보는 게 아니야.

'돈=행복, 즉 돈이 곧 행복을 뜻하냐'를 물어보는 거야.
'돈이 행복의 대명사가 될 수 있느냐' 이 말이야.

"

라며

재차 강조해서 다시 물어도 돌아오는 대답은 똑같았다.
진짜 내 귀를 의심할 정도로 믿기지 않았다.

나는 '돈=행복'이라고 생각하는 사람이 아니기에
내가 색안경을 끼고 바라보는 것도 분명 있겠지만
전에도 말했다시피 솔직히 조금은 속물 같아 보였고 좋게 보이지는 않았다.

아니?

더 솔직하게 이야기해 보자면 "그렇다."라고 대답한 그들이
내 눈엔 진짜 사람까지 달라 보였다.

이 충격의 영향을 받아서인지, 그러던 와중에
나를 포함한 많은 사람이 일말의 고민도 없이

"나는 행복하다."

라고 말할 수 있게 되는 그 '행복의 근원은 대체 무엇'이며
'어디에서 나오는 걸까'에 대해 하루 종일 생각해 봤다.
그렇게 하루 종일 생각해 본 결과 내가 내린 결론은
'조건'이었다.

많은 사람이 일말의 고민도 없이
"나는 행복하다."라고 말할 수 있으려면
'조건'이라는 행복의 근원이 필요했다.

즉, 행복하기 위해서는 그 사람마다
행복할 수 있는 어떠한 '조건'이 붙어야 한다는 것.

이렇게 결론을 내리고 나니
내가 던진 질문에 "그렇다."라고 대답한 사람들이
어느 정도는 납득이 가기 시작했다.

그들은,

그들이 행복하기 위해서 붙어야 하는 '조건'이 '돈'이었던 것이다.
그러니 "돈이 곧 '행복'을 뜻한다. 즉, 돈=행복."
이라는 대답이 나올 수 있던 것이다.

그렇다면,

행복하기 위해서 붙어야 하는 '조건'이 '돈'이 아닌,
'내가 하고 싶은 일을 하며 살아가면 되는 것'인 나 같은 사람들에게는
"돈이 곧 행복을 뜻한다. 즉, 돈=행복."이라는
공식은 성립되기 힘든 것이다.

이에 반대하는 이들은 이렇게 반문을 할 것이다.
"네가 하고 싶은 일을 하려면 돈이 필요할 텐데?"
그럼 이 반문에, 내가 다시 한번 반문을 해 보겠다.
"내가 하고 싶은 일이 돈이 필요 없는 일이라면?"
"운동, 독서, 사진 찍기, 산책 같은 거로 충분하다면?"

그럼 헬스장 등록할 때 돈이 필요하지 않냐고?
맨몸으로 운동을 해도 된다면?
독서를 하려면 책을 사야 하지 않냐고?
무료 서점에 가서 책을 읽는다면?
사진 찍으려면 핸드폰이나 카메라를 사야 하지 않냐고?
그게 굳이 내 핸드폰이나 내 카메라가 아니어도 된다면?

산책은 뭐 말할 것도 없다.

그렇다면 과연 뭐라고 반박을 할 수가 있을까?
아니 반박을 할 수 있다고 한들 그 이상부터는 억지 아닐까?

그렇다.
내가 내린 결론은 이처럼, 많은 사람의 행복의 기준은
'조건'에 따라 달라진다.

일말의 고민도 없이 "나는 행복하다."라고 말할 수 있는
그 행복의 근원은 단순히 '돈이 있네 없네'가 아닌

'행복하기 위해서는 그 사람마다 어떠한 조건이 붙어야 하는 사람인가'
인 것이다.
이게 내가 하루 종일 생각해 본 결과 내린 결론이다.

그래도 우리는 다시 한번 되짚어 볼 필요는 있는 것 같다.
과연 우리가 지금

"

정녕, '돈을 벌어서' 행복해지고 싶은 게 맞는 건지,
아니면, '행복을 팔아서' 돈을 벌고 있는 건 아닌지.

"

2025년 5월 26일 월요일,
'두려움을 느끼지 않는 게 아니라
두려워도 계속하는 게 용기야'

"두려움을 느끼지 않는 게 아니라 두려워도 계속하는 게 용기야."

독서를 시작한 이후로
지금껏 읽어 왔던 글 중에서 내게 가장 큰 감명을 남겨 줬던 글이다.
그럼에도 불구하고 의도한 건 아니지만 참 여러 가지의 이유로
이제야 다루게 되었다.

"많은 사람이 착각하는 게 있어. 두려움을 느끼지 않는 게 용기라고."
"용기.. 그거 아닙니까?"
"아니.. 두려움을 느끼지 않는 게 아니라 두려워도 계속하는 게 용기야."
– 드라마 「굿 닥터」 중에서 –

정말이지 많은 생각을 하게 만드는 글이었다.
나는 사실 하루하루 매일이 두렵다.
명확한 이유는 모르겠지만 아무래도 내가 겪고 있는
우울증, 범불안 장애, 강박증 등의 정신 질환들 때문인 것 같다.

매사에 느끼는 이유 모를 우울함.
매사에 느끼는 이유 모를 불안감.
시간이 지날수록 더 심해져만 가는 강박.

누군가에게 이렇게까지 이야기해 본 적도

누군가에게 티를 내거나 어딘가에 표현을 한 적도 없지만,
이 공간은 나만의 공간인 만큼 적나라하게 적어 본다.
솔직하게 난 저 세 가지가 병합되어 항상 전날 밤부터
다음 날 눈을 뜨는 게 싫을 정도로 하루하루를 매일 두려움 속에서 산다.

그래서 그런가, 저 글에 가장 크게 감명을 받았다.
전날 밤부터 다음 날 눈을 뜨는 것조차 두려워하는 나에겐
'두려워도 계속해서 나아가는 용기'가 필요했다.

우리나라의 영웅이시자 거의 신적인 존재이신 이순신 장군님,
더 나아가 우리나라뿐만 아니라, 일본의 러·일 전쟁을 승리로 이끌었던
옆 나라 일본의 '도고 헤이하치로' 장군이

"나를 이순신 장군과 비교하지 말라.
그는 전쟁 수행 능력과 애국심이 신의 경지에 오른 분이다.
이순신 장군은 국가의 지원을 제대로 받지 못하면서도 매번 승리했다.
나를 전쟁의 신, 바다의 신인 이순신 제독에게 비유하는 것은
그에 대한 모독이다."라고 말했을 정도로 위대하신

'이순신 장군님'을
모티브로 삼은 영화 「명량」에서 이러한 대사가 나온다.

"두려움을 용기로 바꿀 수 있다면,
그 용기는 백 배, 천 배 큰 용기로 배가 되어 나타날 것이다."

제아무리 '전쟁의 신'이라 불리는 '이순신 장군님'이라지만
그 절체절명의 순간에서도 정말 한 치의 두려움도 없으셨을까?

그렇다기보다, 두려움이 없으셨던 것이 아닌,
이순신 장군님이야말로 '두려움을 용기로 바꿀 수 있는 지혜'와
'두려워도 계속해서 앞으로 나아갈 수 있는 용기'를 지니신
진정으로 용감하다 말할 수 있는 그런 '용기 있는 자' 아니셨을까?

며칠 전, '내 장점을 살릴 수 있는 일이 무엇이 있을까'를 고민하다가
내 장점을 철저히 객관화시켜 판단하는 것이 우선이라는 생각에
관장님께 연락을 드려 자문을 구했고, 돌아온 답변은 이러했다.

"세호, 너 정도의 강박과 꾸준함이면
하고 싶은 일이 아니라 해야 하는 일을 해도 잘할 거라 생각해.
세호, 너의 그 고집과 강박이 나쁘다고 생각하지 않아.
그저 더 나은 활용법을 몰랐달까?
그간 나쁘게 쓴 건 아니지만 더 잘 쓸 수 있을 거 같아."

나 스스로는 최악의 단점 중 하나라고 생각했던 강박.
그 단점을 장점으로 승화시키라는 관장님의 조언.

'난 왜 이런 생각을 못 했을까.' 하는 생각에 머리가 띵했다.

맞아.. 지금 생각해 보면 내가 즐기고자 시작했던
'독서, 일기 쓰기, 사진 촬영' 등등의 취미들도 언젠가부터
나도 모르는 새 강박으로 자리 잡혀 꼭 해야 하는 것처럼 하고 있다.
이 얘기는, 즉 나는 무엇을 시작하든 언젠가부터 나도 모르게
꼭 해야 하는 것처럼 하고 있을 사람이라는 얘기.

그렇다면 나는

무엇을 시작하든 두려움을 느껴도 '강박'으로 인해 계속하게 될 것이며,
이 얘긴, 즉 무엇이든 일단 시작만 한다면 '두려워도 계속하는 용기'는
자연스레 장착이 된다는 얘기가 되고

더군다나, 전날 밤부터 다음 날 눈을 뜨는 것조차 두려워하는 내가
매일같이 새벽 일찍 눈을 뜨고 움직이기 시작한다는 것 자체가
다른 관점에서 바라보고 해석해 보면 '두려워도 계속하는 용기'는
이미 나도 모르는 새 갖추고 있던 것일지도 모르겠다.

그렇다면 이제 내가 할 일은, 관장님께서 말씀해 주신 조언처럼
나 스스로 최악의 단점 중 하나라고 생각했던 강박을 장점으로
승화시킬 수 있는, 영화 「명량」에서 이순신 장군님이 하신 말씀처럼
두려움을 용기로 바꿀 수 있는 '지혜'를 갖추는 일.

이제 나는 그 '지혜'를 어떻게 하면 갖출 수 있을지에 대한 고찰을
한동안 해 보게 될 것 같고, 해 봐야 할 것 같다.

2025년 5월 27일 화요일, '한 달이라는 시간이 흘렀네요'

우리의 사이가 완전한 끝을 맺은 지 한 달이라는 시간이 흘렀네요.

당신과 이별한 이후로 처음엔 헬스장에서 당신을 마주하지 않는 것이,
헬스장뿐만 아니라 그곳이 어디일지라도 당신을 마주하지 않는 것이,
당신을 위한 길이라 생각했고 지금도 그 생각은 변함이 없어요.

그래서 이별한 이후로
당신의 하루가 어떠한 일과를 이루고 있는지 꿰뚫고 있는 나는
그곳이 어디든 마주하는 일 없게 하리라 굳게 마음먹고
최대한 당신의 이동 동선과 겹치지 않게 움직이기 위해
내 하루의 생활 패턴을 완전히 바꾸었죠.

그런데 그 마음은 며칠 가지 못하고 무너지더군요.

그 마음이 무너진 이후로는,
당신의 이동 동선과 겹치지 않기 위한 내 노력이
완전히 뒤바뀌어 버린 내 하루의 생활 패턴이
오로지 이것만이 지금 내가 유일하게 당신을 위해 할 수 있는
최선의 선택이라는 일념 하나로, 연락하고 싶은 내 마음을
헬스장에 있을 시간이든 집에 있을 시간이든 찾아가서 보고 싶은
간절하다 못해 절실한 이 마음을 억지로 누르고 누르며 참아 가는
괴로운 나날들의 시작이었어요.
물론.. 지금까지도요.

참 사람만큼 간사한 동물이 없는 거 같아요.
1년이고 2년이고 기다리겠다. 내가 뱉었던 말도 진심이었거늘
진심인 만큼 1년이고 2년이고 기다리겠다. 굳게 다짐했던 내 마음이
해피 엔딩이 보장되지 않은 불투명한 미래를 기다리려니
벌써 심적으로 조금 지쳐 가네요, 고작 한 달밖에 안 되었는데 말이죠.

내가 이 기약 없는 기다림을 언제까지 할 수 있을지,
기다린다고 한들 당신이 돌아오긴 할는지 두렵네요.

서로 사랑을 말했던 기간 또한 한 달 남짓.
그 짧은 시간에 어찌 이리 깊숙이 파고든 건지.

서로가 가까워졌던 기간 3개월에,
서로가 사랑을 말하기 시작한 기간은 고작 한 달.
고작 그 한 달 만나 놓고 너무 심하게 유난 떠는 건 아닌지.
이런 내 자신이 너무 한심하고 미워지네요.

한 달이 지난 지금, 당신은 좀 어떠신가요.
내가 잘 참고 기다리고 있는 기간만큼
심적으로 많이 괜찮아지고 있는 건가요?

내 기약 없는 기다림은 오로지 이만을 위한 기다림인데 말이죠.

이 기다림을 언제까지 할 수 있을지 하루하루를 스스로 의심하고
기다린다고 한들 당신이 돌아오긴 하는 걸까 두려움 속에 살지만
오늘도 난 기다리고 있어요.

이 기다림이 지속된다면 두 달째 되는 날
나는 또 이렇게 홀로 당신을 향한 편지를 쓰고 있겠지요.

그리고 언젠간 나에게도
이 기다림이 반가움으로 따뜻해지는 그런 날이 오리라.
이 희망 하나 품에 품어 난 여전히 당신을 기다리고 있네요.

'기다림은 반가움으로 따뜻해지기를.'

2025년 5월 28일 수요일,
'로또 복권'

'로또 복권'은 매주 토요일마다 일주일에 한 번씩
당첨자를 발표하여 당첨된 자들에게
등수별로 각기 다른 당첨금이 지급되는 복권이다.

내가 아는 지인 중에는 그 '로또 복권'을, 단 한 번을 거르지 않고
매주 꼭 사는 지인이 있다.

내가 그 지인에게 어느 날 물었다.
"되지도 않는 거 왜 사는 거야?"

이 내 물음에 지인은 이렇게 대답했다.
"될 수도 있다는 생각에 일주일을 기다리는 재미가 있어."

이때 속으로는

'그게 되겠니..'
라는 생각이 반사적으로 들었었다.
물론 입 밖으로 내진 않았다.

이와는 별개로,
이건 지금으로부터 얼마 되지 않았을 때의 내 이야기다.
우리 아버지께서도 '로또 복권'을 단 한 번을 거르시지 않고 매주
주기적으로 한 번씩은 꼭 사시기 때문에 그런 아버지를 보고

'나도 한 번 사 볼까..?'라는 생각이 들어 나도 한동안 한 달 정도를
주기적으로 '로또 복권'을 샀던 기간이 있었다.

나 자신조차 어이가 없게도,
일주일을 기다리는 재미가 있긴 있더라.

근데 가만 생각해 보니 이게 중요한 게 아니었다.
이제 와서 천천히 생각을 해 보니 참 부끄러운 일이었다는 생각이 든다.

"아니.. 당첨될 거라는 보장도 되지 않은
'로또 복권'에는 '될 수도 있다.'라는 희망을 품어
'일주일'을 기다리는 재미를 느끼면서

왜 정작 무슨 일이 일어날 거라는
보장도 되지 않은 '우리의 인생'에는
'좋은 일이 생길 수도 있다.'라는 희망을 품어
'날마다 주어지는 우리의 매일'엔
대체 무슨 이유로 아무런 재미도 부여하지 않는 거지?

'로또 복권'은 '일주일에 한 번'이고
'우리의 인생'은

'매일'인데?"

한낱 종이 쪼가리에 불과한 '로또 복권'에는 '희망과 재미'를 부여하면서

정작 신이 내려 주신 선물과도 같은, 이보다 더 귀중한 게 없는

'우리의 매일'이라는 하루엔 정작

"

아무런 의미도 부여하지 않는다고?

"

이 생각이 내 머릿속을 스치는 순간 '내 삶'이 겨우 '로또 복권'이라는
종이 쪼가리만도 못한 게 된 것 같아 나 자신이 너무 부끄러웠다.

다시 한번 되뇌어야겠다.
'나의 삶과 앞으로 살아갈 남은 인생'보다
더 소중하고 귀중한 건 이 세상엔 그 무엇도 없다고.

당첨될 것이라는 보장도 없는 '로또 복권'에
'될 수도 있다.'라는 희망을 품어 '일주일'을 기다리는 재미를 느끼면서
살아가는 것도 좋다.
하지만,

무슨 일이 일어날 것이라는 보장이 되지 않은 '우리의 인생'에
'좋은 일이 생길 수도 있다.'라는 희망을 품어

'날마다 주어지는 우리의 매일'에 우리가 모르는 새 놓치고 있던
이 '매일'을 기다리는 재미를 느끼면서 살아가는 것이,
오히려 더 중요하고 더 재밌는 인생이 아닐까?

최소한 '우리의 인생'이 한낱 종이 쪼가리에 불과한 그런

'로또 복권'만도 못한 게 되어 버리면 안 되니까.

2025년 5월 29일 목요일, '성장하는 즐거움'

오늘 독서를 하게 되었던 해당 책을 지으신 김난도 교수님께서는
'1-1 원칙'이라는 원칙을 갖고 계신다고 한다.
이 원칙은 '하루에 1시간씩 1년간 투자하면
무엇이든 꽤 잘할 수 있게 된다.'는 원칙이다.
물론 프로급의 최고 수준에 이르기에는 턱없이 부족하지만,
무엇이든 어느 정도는 평균 이상의 실력은 갖추게 해 준다는
말씀이셨다.

독서를 시작한 이후로
지금까지 거의 단 하루도 거르지 않고 매일같이 책을 읽고 있다.
물론 매일같이 1시간을 꼬박 채워 읽는 건 아니다.
어느 날은 1시간을 채우지 못하는 날이 있는가 하면
어느 날은 시간 가는 줄 모르고 1시간을 훌쩍 넘기는 날도 있다.
날마다 항상 이렇게 들쭉날쭉하지만, 평균적으로 따져 봤을 때
하루에 1시간씩은 꾸준하게 읽는 거 같다.

일기 쓰기도 마찬가지다.
일기 쓰기 또한 일기를 쓰기 시작한 이후로

지금까지 단 하루도 거르지 않고 매일같이 쓰고 있다.
오히려 일기를 쓰는 일이 매일같이 1시간을 훌쩍 넘어간다.

독서를 시작함으로 인해서 여러 가지의 욕구들이 파생되어 나온다.

매일같이 독서를 하다 보니 언젠가부터 나도 모르게
내가 모르고 있던 단어들의 정확한 뜻을 알고 싶다는 욕구가 생겼다.
그래서 실제로 나는 독서를 하다가 내가 모르는 단어가 나오면
핸드폰으로 그 단어의 뜻을 검색하여 정확한 뜻을 알아낸 뒤에야
다시 정독을 하기 시작한다.
심지어 핸드폰에 내가 검색했던 단어들을 저장할 수 있는 기능이 있어
나중에 단어 공부까지 하기 위해 따로 저장까지 해 놓는다.

단어뿐만 아니라 띄어쓰기까지도 잘하고 싶다는 욕구가 생겨
일기를 쓸 때도 나는 문장 혹은 단어들의 올바른 띄어쓰기를
핸드폰으로 찾아가면서까지 일기를 작성한다.

이렇게 독서를 하면서, 일기를 쓰면서
또 이로 인해 글을 잘 쓰고 싶다는 욕구까지 파생되어 생겨났다.

독서가 '내가 모르고 있던 단어들의 정확한 뜻을 알고 싶다.'라는
욕구를 파생시켰고, '띄어쓰기까지도 잘하고 싶다.'라는 욕구까지
파생시켰으며,

이로 인해 평소에 매일같이 일기를 쓰는 나는
그렇게 자연스레 '글을 잘 쓰고 싶다.'라는 욕구에까지 이르렀다.

이 모든 게 고작 독서 하나가 만들어 낸 파생의 굴레다.
이래서 책을 많이 읽으라는 건가 싶다.

독서도 그렇고 일기 쓰기도 그렇고
평균적으로 하루에 1시간 이상씩은 매일같이 하고 있다.

그러다 보니
이 습관을 가지게 된 지 고작 한 달 조금 넘었을 뿐인데
그럼에도 불구하고 정확한 뜻의 단어 지식과 올바른 띄어쓰기 능력
그리고 작문력까지 전부 다 조금씩은 향상된 거 같은 느낌이다.

그럼 이 습관을 바탕으로 위에 말한 '1-1 원칙'을 내가 잘 따르기만 한다면
1년 뒤에는 나도 어느 정도 평균 이상으로 정확한 뜻의 단어 지식과
올바른 띄어쓰기 능력 그리고 어느 정도 평균 이상의 작문력까지
갖추게 되지 않을까?

이렇게 무언가에 '성장하는 즐거움'을 느끼니
뭔가 게임 속에서 경험치를 쌓아 내 캐릭터의 레벨을 올리는 것처럼
현실 속에서 조금씩 경험치를 쌓아 나의 레벨을 올리는 기분이 들어
마치 현실 속에서 현실판 게임을 하는 듯한 느낌도 들어 재밌다.
물론 난 게임을 하지 않는다. 아니, 혐오한다.

'자기 개발'의 정의는
'본인의 기술이나 능력을 발전시키는 일'을 뜻한다.
이 '자기 개발'에 '성장하는 즐거움'이 공존하는 거 같다.

성장하는 게 그 무엇이 되었든

'자기 개발'에 시간을 투자해 '성장하는 즐거움'을 느끼고
또 그 속에서, 무언가를 조금이라도 더 갖춘 사람이 되어 가는 느낌에
덩달아 자존감까지 같이 올라가는 것 같다.

위에 게임 이야기가 나와서 든 생각이지만, 이래서

"게임 할 시간에 자기 개발에 시간을 더 투자해라."
"당구 칠 시간에 자기 개발에 시간을 더 투자해라."
"술 마실 시간에 자기 개발에 시간을 더 투자해라."라는 식의
말들이 많이 나오는 거 같다.

여기서 잠깐, 이쯤에서 스멀스멀 올라오는 의문점 하나..

'자기 개발'의 정의는
'본인의 기술이나 능력을 발전시키는 일'이라고 했고
이 정의를 누가 내린 건지는 모르겠지만, 어쨌든 정의에 따르면

게임을 해도 게임 실력이 향상될 거고..
당구를 쳐도 당구 실력이 향상될 거고..
술을 마셔도 '주량'이라는 술 마시는 능력이 향상될 거고..

어쨌든 이것 또한 '본인의 기술이나 능력을 발전시키는 일' 아닌가..?
그렇다면, 이것들 또한 '자기 개발'이 되는 거 아닌가..?

근데..

"게임 할 시간에 자기 개발에 시간을 더 투자해라."라고 했는데..?
"당구 칠 시간에 자기 개발에 시간을 더 투자해라."라고 했는데..?

"술 마실 시간에 자기 개발에 시간을 더 투자해라."라고 했는데..?

혼란스럽다..
누가 '자기 개발'의 '정확한' 정의를 다시 좀 정해 줬으면 좋겠다..

2025년 5월 30일 금요일, '달을 향해 쏴라, 설령 빗나간다 해도 별들 중에 착륙할 것이다'

"달을 향해 쏴라. 설령 빗나간다 해도 별들 중에 착륙할 것이다."
– 레스 브라운 –

내가 가장 좋아하는 명언이다.
누군가 나에게 "가장 좋아하는 명언이 뭐야?"라고 묻는다면
난 한 치의 망설임도 없이 이 명언을 이야기할 것이다.

요즘 들어 관장님께 질문하는 빈도수가 기하급수적으로 많아졌다.
내가 정한 새로운 목표인 '피팅 모델로서 단 한 번이라도 촬영해 보기'
라는 나의 목표에 하루하루 아주 조금씩이라도 더 가까워지고자
관장님은 '내 마음속의 스승님'이시기에 이런저런 조언을 구하는 통에
관장님을 조금 귀찮게 한 것이다.

관장님께는
"제가 사실 새로운 목표를 하나 정했습니다.
그래서 이게 요즘 들어 질문을 많이 하는 이유이기도 합니다.

다만, 이 목표가 무엇인지는 이루고 나서 말씀드리겠습니다."라며
그 목표가 무엇인지는 말씀드리지 않았다.

이에 관장님께서는
"응원한다, 세호야. 잘할 수 있다. 하다 보면 무조건 뭐라도 된다."라며
조언을 구하는 나에게 언제나 그러셨듯 역시나 응원해 주셨다.
관장님께서 해 주신 응원의 말을 서정적으로 표현한 것이, 어떻게 보면
"달을 향해 쏴라. 설령 빗나간다 해도 별들 중에 착륙할 것이다."이기에
관장님께서 해 주신 조언과 내가 좋아하는 명언의 뜻이 일맥상통한다.

'코이'라는 물고기가 있다. 이 물고기는,
작은 어항에 넣어 두면 5~8cm밖에 자라지 못하지만
커다란 수족관이나 연못에 넣어 두면 15~25cm까지 자라며
강물에 방류하면 90~120cm까지 자란다고 한다.
환경에 따라 자라는 크기가 달라지는 것이다.

물고기 따위도 하는데 사람이라고 못 하겠는가.
저 물고기는 환경에 따라 자신의 크기가 달라지지만
사람은 꿈의 크기에 따라 자신이 달라지는 거라 생각한다.

과거에 거의 10년을 한 트레이너 일을 그만두면서
괜히 울컥하는 마음에 써 내려간 일기 중에 이런 내용이 있다.

"나약한 사람이 강해지고자 노력했던 그 과정이 있었다는 것.
이거 하나로 만족하고 돌아서자.
고생했어 그동안. 이렇게 심심한 위로를 스스로에게라도 해 본다."

이제 과정에 만족하는 그런 나는 더 이상 없다.

내가 정한 새로운 목표인 '피팅 모델로서 단 한 번이라도 촬영해 보기'

지금 이 꿈이 누군가에겐 꿈이라고 하기엔 다소 우스울 정도로
소박한 꿈처럼 보일 수 있고, 나 또한 그럴 수 있다고 생각한다.
그리고 설령 지금 당장은 이 꿈이 소박한 꿈이 맞다고 하더라도
난 이 꿈을 먼저 실현시켜 이를 동력으로 삼아 더 큰 꿈을 품을 거고
그렇게 다시 더 큰 꿈을 향해 계속 나아갈 것이다.

어느새 2년이 훌쩍 넘도록
우울증, 범불안 장애, 강박증 등의 정신 질환 약을 복용하고 있는 나.
이 세 가지 중에 스스로 최악의 단점이라고 생각했던 '강박'

이제는 이 '강박'을
'피팅 모델로서 단 한 번이라도 촬영해 보기'라는 내 꿈에 입힌다.

달이 되지 못해도 괜찮다.
꿈을 이룰 수만 있다면 기꺼이 별이라도 되겠다.

"달을 향해 쏴라. 설령 빗나간다 해도 별들 중에 착륙할 것이다."

2025년 5월 31일 토요일,
'영화 같은 인생'

흥행하는 모든 영화가 그런 것은 아니지만
보통 흥행작의 영화들을 보면 그리 특별하지는 않은 주인공,
그리 특별하지는 않은 배경, 그리 특별하지는 않은 이야기 전개 속에
관객들을 매료시킬 수 있는 마지막 반전이 숨어 있다.

그 마지막 반전이 더 빛나기 위해서는 반전이 나오기 전까지의
'스토리텔링'이 가장 중요하다고 생각한다.

특별하지는 않지만 관객들이 쉽게 공감할 수 있는

그리 특별하지는 않은 주인공.
그리 특별하지는 않은 배경.
그리 특별하지는 않은 이야기의 전개.

그리고 이 모든 걸 뒤집을 수 있을 만큼의 놀라운 반전이 있는 결말.

'스토리텔링'이 그리 특별하지 않아도 마지막 반전이 특별하다면
그 반전 단 하나로 관객들을 매료시켜 그 영화는 흥행을 하게 된다.

나는 충청북도에 위치한 음성군이라는 촌구석에서 태어나
초, 중, 고 모두를 이 촌구석에서 보냈고, 심지어는 군대 영장도
군 복무 기간 동안 나라에서 배정받은 공공 기관으로 출근하여
직장인들처럼 집으로 퇴근하는 것으로 군 복무를 대체하는

'상근예비역'으로 영장을 발부받아 당시에는 군인 신분으로서
당연히 운전을 하면 안 됐고 집에서 출퇴근을 해야 하기 때문에
'해당 거주지'에 위치한 공공 기관으로 출근을 해야 하는
'상근예비역'의 특성상 군 생활까지 음성군이라는 촌구석에서 보냈다.

그렇게 군 복무를 마치고는 음성군을 벗어났지만
그래 봐야 충청북도에 위치한 충주시, 청주시를 전전하며
10년 정도 헬스 트레이너와 필라테스 강사를 병행하는 인생을 살았다.

내가 이 세상에 태어나고 30대가 될 때까지
30년을 넘게 이 '충청북도'에서 벗어난 적이 없다.

30대가 넘어간 지금은,
아버지 고향인 '전라북도'로 이사를 오게 되어
그냥 아버지 가게를 도와드리며 살고 있다.

이렇게 내가 이 세상에 태어나고 30대가 넘어간 지금까지도
정말이지 누가 봐도 '이렇게까지 평범할 수 있나~' 싶을 정도로
평범하기 이를 데 없는 인생을 살고 있다.

긴말하지 않고 여기까지만 보아도

정말 특별하지 않은 나라는 사람.
정말 특별하지 않은 성장 배경.
정말 특별하지 않은 지금까지의 인생.

누가 봐도 특별하지 않다 못해

지금까지 정말 평범하기 이를 데 없던 내 인생.

이렇게

'내가 주인공'인 '내 인생'이라는 영화가
마지막 반전으로 인해 흥행할 수 있는 스토리텔링은 다 갖춰졌구나.

이제 '내 인생'이라는 영화가 '흥행작'이 되기 위한 조건은 다 갖춰졌다.
이제 나는 관객들을 매료시킬 수 있는 마지막 반전을 준비한다.

"주인공이 언제 그런 걸 준비하고 있었대?"
"이런 주인공이 그런 걸 했다고?"
"이런 주인공이 그런 걸 어떻게 했대?"

내가 '주인공'인 '내 인생'이라는 영화가 흥행할 수 있는 마지막 반전은
'피팅 모델로서 단 한 번이라도 촬영해 보기'라는 나의 꿈을 이루기 위해
묵묵하게 흔들림 없이 의연하게 나아가 꼭 이 꿈을 이루고 나서야

나만의 관객들에게 당차게 이 반전을 공개할 것이다.
꼭 그렇게 되게 하고야 말 것이다.

2025년 6월 1일 일요일, '브랜드의 핵심'

전에도 이야기했다시피 '돈=행복'이 아니다.
그러니까 내 말은 돈이 '있으므로' 인해서 행복할 수는 있겠지만

돈이 '있어야만' 행복할 수 있는 것은 아니라는 이야기다.
지극히 주관적인 생각이지만, 즉 '돈이 곧 행복을 뜻하는 것'은
절대 아니라고 생각한다고 다시 한번 재차 강조한다.

"돈이 곧 행복이다."라는 의견에 너무 강한 부정을 하는 사람이기에
'강한 부정은 긍정의 뜻'인 것처럼 비칠 수 있겠으나 그럼에도
난 "돈이 곧 행복이다."라고 생각하는 사람이 절대 아니다.
맹세한다.

조금은 극단적인 예를 들어 보자면

'어느 대기업의 회장이 스스로 목숨을 끊어 생을 마감했다느니'
'어느 잘나가는 유명 연예인이 스스로 목숨을 끊었다느니'
하는 이런 소식들을 우리는 실제로 살면서 적잖게 접한다.

만약에 '돈이 곧 행복'이라면
행복(돈)이 가득할 대기업의 회장들은 왜 스스로 목숨을 끊고
행복(돈)이 충만할 유명 연예인들은 왜 스스로 목숨을 끊을까.
그렇게 행복(돈)이 가득한 삶을 살고 있었을 텐데?

내가 이렇게 묻는다면
"돈이 곧 행복이다."라고 생각하는 그 수많은 사람 중에
"에이, 돈 말고 다른 무슨 일이 있었겠지."라고 말하며
이의를 제기하는 사람이 꼭 한 명은 있을 것이다.

아니 돈이 곧 행복이라며.. 그렇게 행복(돈)이 가득한 사람이
다른 무슨 일이 있었다는 이유로 제 목숨을 스스로 끊는다고?

설령 진짜 무슨 일이 있다고 한들 행복한데 왜 죽냐고..

이런 점만 봐도 '돈=행복'을 뜻한다는 공식은 전혀 성립되지 않는다.

돈은 단지
행복해지기 위해 필요한 수많은 '조건' 중 '하나'에 불과하다.

그렇다고 돈이 나쁘다는 것은 아니다.
분명 돈이 많았을 때 존재하는 장점들도 셀 수 없이 많다.
하지만 그만큼 단점들도 무수히 많이 존재한다.

먼저 내가 생각하는 '돈이 많았을 때'의 가장 큰 치명적인 단점은
자기 자신이라는 거울을 들여다볼 줄 알아야 하는
'자아 성찰' 능력이 흐려진다는 것에 있다.

이게 무슨 말이냐 하면, 예를 들어 지금 당장 돈을 잘 벌게 되었을 때
지금 당장 본인 앞에 쌓여 가는 돈에 현혹되어 머릿속을 지배하는 생각이
'어떻게 하면 돈을 더 많이 벌 수 있을까.'라는 쪽으로 편협되어

정작 본인이 좋아하는 일이 무엇이었는지.
본인이 무엇을 할 때 가장 행복했었는지.
내가 하고자 하는 일이 무엇이었는지.

자신이라는 거울을 들여다볼 줄 아는
'자아 성찰' 능력이 흐려진다는 것이다.
즉, 돈이라는 것에 현혹되어 본인도 모르는 새
정작 본인이 진정으로 행복했던 것들은 잊고 살아가는 셈이다.

진정 돈을 벌기 위해 사는 인생으로 삶이 바뀌고
말 그대로 행복을 팔아 돈을 벌고 있는 것이다.

그리고 '미래 지향적인 시야'가 좁아진다.
지금 당장 앞에 쌓여 가는 돈만 바라보게 된다.
이렇게 되면 지금 당장은 돈을 잘 벌 수도 있다. 하지만
돈을 잘 버는 데에는 웬만하면 한계가 있다. 언젠가는 분명
내가 지금 하고 있는 일이 좋아하는 일이 아니라면
'내가 무슨 돈 버는 기계인가.'라는 생각과 동시에
지금의 삶이 행복하지 않음을 느낄 확률이 높아지고
그렇게 되면 그 일은 끝까지 하지 못할 확률까지 덩달아 높아진다.

하지만 애초에 처음부터 자아 성찰을 통해 자기 자신을 들여다보고

본인이 좋아하는 일이 무엇이었는지.
본인이 무엇을 할 때에 가장 행복했었는지.
내가 하고자 하는 일이 무엇이었는지.

이런 자아 성찰을 통해
'내가 좋아하는 일을 활용해 돈을 벌 수 있는 방법이 무엇이 있을까?'
라는 식의 자신의 내면 속 거울을 들여다볼 줄 아는 능력을 갖추고 있다면

미래 지향적인 시선으로 봤을 때
지금 당장은 돈이 잘 안 벌릴 수는 있어도 '내가 좋아하는 일'을 통해
돈을 벌고 있기 때문에 그 일을 끝까지 할 수 있는 확률은 높아진다.

이렇게 결과론적으로 봐도 결국 종국에 가서는

'내가 좋아하는 일'을 하는 것이 결국 돈을 더 잘 벌 수 있다고 생각한다.
심지어 '좋아하는 일'을 하고 있기에 '행복하게' 돈을 벌 수 있을 거다.

이 점들이 내가 생각하는 '돈이 많았을 때'의 가장 큰 단점들이다.

이제 이와 별개로 인간에게는
'인간의 3대 욕구'인 성욕, 식욕, 수면욕이라는 '본능'들이 존재한다.

'본능'이란 어떤 생물체가 태어난 후에 경험이나 교육에 의하지 않고
선천적으로 가지고 있는 '억누를 수 없는' 감정이나 충동이다.

말 그대로 억누를 수 없는 감정이기에, 인간이라면 그만큼 참기 힘든 욕구들이다.

돈 많은 모든 사람이 그런 건 아니지만
보통 돈이 많을 때 다양한 위험에 노출되기 쉬운 건 사실이다.

특히 그 부분이 여실히 드러나는 예시로 '인간의 3대 욕구' 중 하나인
'성욕'에서 쉽게 찾아볼 수 있다.

돈 많은 남자 연예인들이 일반인 여자를 상대로 성매매를 한다든지
혹은 우리나라에서 사회적으로 높은 위치에 있는 남자들,
즉 가장 큰 예를 들어 보자면 우리나라 정치인들이
거액의 돈을 제시해 여자 연예인들을 상대로 성매매를 하는
이런 기사들이 정말 빈번하게 들려온다. 지겹다.

이런 공인들뿐만 아니라 내 주위만 봐도, 돈 좀 번다고
성인 유흥업소를 수시로 드나드는 사람들이 한둘이 아니다.

이제 너무 많이 봐 와서 진절머리도 안 난다.

물론 입장을 바꿔 남자를 상대로 한 여자들의 성매매도 예외는 아니다.

위험에 노출되기 쉬운 게 '성욕'만은 아니다.
잘나가는 유명 연예인들의 '마약'에 관련된 기사들도 숱하게 들린다.
또한 모든 사람이 그런 건 아니지만
보통 돈이 많으면 씀씀이에 관해서도 나태해지기 쉬운 것 같다.

툭하면 명품 옷을 구매한다든지..
툭하면 명품 시계에 명품 지갑, 명품 가방, 뭘 사도 명품, 명품, 명품..
나는 지금 명품을 사는 것 가지고 뭐라고 하는 게 아니다.

본인 능력만 된다면 명품을 사는 것? 당연히 좋다.
근데 위에도 말했다시피 보통 돈 좀 많다고 하는 사람들이
하는 행실은 저따위면서 온몸에는 다 명품, 명품, 명품..

사람 자체가 명품이 아니면 아무리 명품으로 치장을 해도
그 사람이 명품이 되지는 않는다.. 호박에 줄 긋는다고 수박 되랴..

내가 주변 사람들에게 우스갯소리로 자주 했던 말이 있다.
"야, 네 몸이 명품이면 네가 보세를 입어도 그 옷이 명품처럼 보일걸..?"
아, 물론 내 몸이 좋다는 건 아니다.

물론 온몸을 명품으로 치장하고 사람까지 명품이면
단연 그게 베스트다. 이건 나도 당연히 인정한다.
근데 그러한 사람이, 열이면 아니 백이면 그중 몇이나 될까..

몇은 고사하고 단 한 명이라도 있을까..?

이 두 가지를 다 갖출 수 있는 게 아니라면
난 '명품으로 치장한 사람'보다 '사람 자체가 명품'인 쪽을 택하겠다.

나만의 길을 걸어가 나만의 색을 입히고 나라는 사람을 브랜드화시켜
'사람 자체'를 명품으로 만들겠다.

'사람 자체'가 '명품'이면 무얼 입어도 무얼 걸쳐도
그게 곧 그 사람만의 브랜드인 '그 사람'이라는 '명품'이 탄생한다.

돈에 의존해 명품만을 고집하지 말고
나라는 사람을 브랜드화시켜 명품을 만들자.

2025년 6월 2일 월요일,
'나무가 주는 감동과 교훈'

식물학자들의 설명에 따르면 나무 밑동에서 살아 있는 부분은
지름의 10분의 1 정도에 해당하는 바깥쪽이고, 그 안쪽으로는
생명의 기능이 소멸한 상태라고 한다.

나도 책을 읽고 나서야 처음 알게 된 사실이다.
이 글을 읽는데 말로 표현할 수 없을 만큼의 큰 감동이 밀려왔다.

'나무'가 하나의 생명이라는 것은 누구나 다 알고 있는 사실이다.

'전봇대'를 보고 살아 숨 쉬는 생명이라고 말할 사람은 없을 테니까.

'나무의 중심부'는 나무가 항상 하늘을 향해 우뚝 솟아 있을 수 있게
생명은 없지만 '나무'의 생명을 위해서 무위의 존재로 그치지 않고
나무를 위해 항상 희생하고 있는 것이다.

한마디로 '나무'가 생명을 유지하기 위해서는 역설적이게도
생명이 없는 존재를 품고 있어야만 생명을 유지할 수 있다는 것이다.

'나무'는 그냥 그 나무 자체로만 하나의 생명인 줄 알았지,
이런 속 이야기가 있을 줄은 생각도 못 했다.
'나무'가 살아 숨 쉬기 위해선 생명도 없는 존재인
'나무의 중심부'라는 튼실한 내면을 갖추어야 했었구나.

이 글을 읽고 나서 눈에 보이는 모든 나무가 달라 보였다.
눈에 보이는 모든 나무가 나에겐 너무나 큰 감동으로 다가왔다.

역시 무엇이든 겉모습만 보고 판단을 해서는 안 된다고
'나무' 덕분에 새삼 다시 한번 깨닫는다.

나는 얼마 전에 연인과 헤어졌다.
누가 봐도 착해 보이고 사람 좋아 보이는 선한 인상에
실제로도 연애 기간 동안에는 지금껏 만나 왔던 연인들 중에
그 누구보다 가장 좋은 사람이었다.

하지만 서로 가슴 시린 이유로 이별을 맞이하게 되었고
나만 힘든 게 아니었을 것이기에 항상 안타까운 마음을 지니고 있었다.

그렇게 이별을 하게 된 지 정확히 한 달 후에
안타까운 마음 반, 미련이라는 마음 반의 이유로
"당신은 괜찮냐고 나는 아직 기다리고 있다."라며 안부차 연락을 보냈다.

그런 나에게 돌아온 답변은
그간 안타까운 마음을 지니고 산 나를 무색하게 만들기 충분했다.
"오랜 기간 만난 것도 아니고, 내 마음이 엄청 컸던 것도 아니고
저는 정리했어요." 이 대답에 정말 감정이란 게 느껴지지 않았다.

"내 마음이 엄청 컸던 것도 아니고.." 두 눈을 의심했다.
요즘은 마음이 엄청 크지 않아도 그렇게 몸을 막 굴리고 다니는구나.

'미련'이라는 내 마음이 산화되듯이 사라졌다.
'미련'이라는 감정이 이렇게 한 번에 말끔히 사라지는 경우는
숱한 연애를 경험하면서 난생처음이었다.

연애 기간 동안에 있어서만큼은, 그 사람은 나에게
지금껏 만나 왔던 연인들 중 그 누구보다 가장 좋은 사람이었지만
이별에 있어서는 지금껏 만나 왔던 연인들 중 가장 못된 사람이었다.
내가 어떤 힘듦을 안고 살아가는 사람인지 뻔히 다 알면서 말을 저따위로..
다시 한번 느끼는 거지만 정말 사람이 못돼 처먹었더라.

사람이라는 동물이 다시 한번 무서워지는 순간이었다.
진짜 사람만큼 무서운 게 없다.

또 다른 일례로, 과거를 한번 회상해 보자면
오히려 그때 당시에 만났던 연인 중 한 명은,

얼굴도 이쁘고, 행실에도 딱히 문제가 없어 보였는데
진하게 한 건 아니지만 어린 나이에 화장도 하고
평판이 좋지 않은 사람들과 함께 어울려서 그런가
그 사람 평판도 그리 좋은 편은 아니었다.

그렇다고 해서 평판이 그리 나쁜 건 또 아니었다.
다만 모든 사람 눈에 좋은 사람으로 보일 수는 없는 거니까.

주관적인 내 생각에는, 이쁘고 이성들에게 인기까지 많으니
주변의 시기와 질투로 인해 조금 와전된 평판 같았다.

하지만

좋지 않은 평판과는 다르게 연애 기간 동안 너무 좋은 사람이었다.
더군다나 그 사람과의 이별은 내가 못돼 처먹어 맞이한 이별이었다.

내가 살면서 가장 후회하는 선택 중에 하나로 남아 있는,
그리고 놓친 걸 가장 후회하는 사람 중 한 명으로 남아 있다.

심지어 과거에 평판이 그리 좋지 않았다던 그 사람은
지금도 본인만의 확고한 직업을 가지고 꽤나 멋있는 삶을 살고 있다.

이렇듯 겉모습만 보고 판단해서는 안 되는 거 같다.
이를 책을 통해 그리고 '나무' 덕분에 다시 한번 깨달을 수 있었다.
무엇이든 내면을 바라봐야 하는 것 같다.

매년, 겉으로 보이는 잎들의 색은 변할지라도

사시사철을 항상 하늘을 향해 우뚝 솟아 있는 우직한 모습.

그 모습 하나만큼은 변함없이 생명을 유지하며 살아 숨 쉬기 위해선

생명도 없는 존재인 '나무의 중심부'라는 튼실한 내면을 갖추어야 하는

그런 '나무'를 바라보듯.

그리고 나도 그런 '나무' 같은 사람으로 성장하길.

2025년 6월 3일 화요일, '무감각증'

'무감각증'은 감정이나 감각을 제대로 느끼지 못하는 상태를 말한다.

사람들에게 감정이란 게 느껴지지 않는다.
가슴 한가운데 커다란 구멍 하나가 뚫린 것처럼 공허하다.
그 커다란 구멍의 빈 공간을 공허함이 대신해 가득 채운 듯하다.

가족을 제외한 거의 모든 사람에게서 감정이란 게 느껴지지 않는다.
아니, 여기는 나만의 공간이니만큼 조금 더 솔직해지자.
심지어 가족들 중에서도 누나와 작은외삼촌을 제외하고는
그 누구에게도 감정이란 게 그다지 크게 느껴지진 않는다.

누나에 대한 감정은 내 SNS만 보더라도
내가 누나에게 어떠한 감정을 느끼는지 명확히 알 수 있다.
작은외삼촌 같은 경우에는 사실 명확한 이유는 모르겠다.
내가 무언가 도움을 청할 때마다 묻지도 따지지도 않고

무심히 '툭' 하고 도와주시는데, 이유는 모르겠지만
그 '무심함' 속에 나를 향한 '진심'이라는 감정이 느껴진다.

거의 모든 사람에게 감정이란 게 느껴지지 않는 것은
내 지인들에게도 마찬가지다.
단 두 사람 명불허전 나의 절친 친구 A와 My Bro 친구 B를 제외하고는
그 누구에게도 감정이란 게 그다지 크게 느껴지지 않는다.
아니.. 거의 느껴지지 않는다.

다른 지인들 중에 거의 매일을 연락하며 지내는 지인들이 있는 반면에
오히려 친구 A, B와 나는 연락조차 진짜 잘 하지 않는다.
그럼에도 불구하고 거의 매일을 연락하며 지내는 지인들에게는
나를 향한 '진심'이라는 감정이 느껴지지 않는다.

오히려 연락조차 잘 하지 않는 친구 A와는 오랜만에 연락이 닿으면
별 이야기를 하지 않고 그렇다고 연락을 그리 오래 하는 것도 아닌데
나를 향한 '진심'이라는 감정이 느껴진다.

"거의 매일 연락하며 지내는 지인들은 익숙함에 무뎌진 거 아니냐고?"
그건 또 아니다. 친구 A와 연락하는 것처럼 연락조차 잘 하지 않는
친한 지인들에게도 '진심'이라는 감정이 느껴지지 않는다.

말하다 보니 계속 '진심'을 강조하는 것처럼 보이는데
'진심'이라는 감정만이 느껴지지 않는 게 아니다.
'진심'이라는 감정을 포함한 거의 모든 감정이 느껴지지 않는다.

"중·고등학교 때 친구가 평생 친구다."라는 말이 있지만

이 말은 나에게 있어선 친구 A를 제외하고는 적용되지 않는 것 같다.

가끔 과거 친구들과의 추억을 회상해 보아도

친구 A와 다리 하나를 건너 롯데리아를 향해 걸어가던 추억.

롯데리아에서 고작 소프트콘 아이스크림 하나 시켜 놓고
몇 시간을 죽치고 앉아 시간을 때우던 추억.

친구 A네 집 옥상에서 아몬드에 맥주를 먹던 추억.

까불고 술집에서 손목에 아매로 둘이 같은 타투를 새겼던 추억.

이 추억들을 제외하고는
그 어떠한 추억에도 크게 감흥이 없다, 아니 이 또한 거의 없다.
더 솔직하게 얘기하면.. 생각조차 안 하게 되니 생각도 안 난다.
내 지인들이 들으면 서운할 법도 하지만 어쩔 수 없다.
이게 내가 느끼는 감정의 현실인 것을.. 부정할 수 없다.
매정해 보일 수 있어도 군이 남들 때문에 내 감정을 부정해 가면서까지
살아야 한다는 필요성 따위는 딱히 못 느끼는 사람이라..

나는 약을 먹지 않으면 잠을 이루지 못한다.
심지어 약을 먹어도 잠이 들기까지 꽤나 시간이 걸린다.
보통 괴로운 게 아니다, 그러다 보니 잠을 좀 편하게 자겠다는
'자기 합리화'식의 이유를 핑계 삼아 혼술을 자주 한다.

어제도 혼술을 했다.
위의 내용 모든 게 어제 혼술을 하다 문득 든 생각이다.

나는 혼술을 해도 잠을 편하게 잘 수 있을 정도의 양만 딱 마신다.
평소 내 주량을 기준 삼아 비교해 보면 반도 안 되는 양을 마시지만
아무리 잠을 편하게 잘 수 있을 정도만 마신다고 하나
그때까지만 해도 이유야 어찌 되었든, 술을 얼마나 마셨든
그래도 술이 들어갔기에 감수성이 좀 풍부해져서 그런가 보다 했다.

결론부터 말하자면, 아니었다.
온전히 맨정신인 오늘 내 생각과 감정은 변함없이 동일했다.

나는 나에게 무슨 일이 벌어졌든, 내가 무슨 상황에 놓였든
내가 아닌 주변에서 원인 제공을 했을 것이라 생각하지 않고
가장 우선시되는 원인 제공은 '나'로부터 나온다. 생각하는 사람이기에.
내가 이러한 감정을 느끼는 게 남들의 문제라고 생각하지 않는다.
또, 이러한 감정을 느끼는 게 문제가 된다고 생각하지도 않는다.

살면서 진정으로 내 사람이라 말할 수 있는 사람
단 한 명만 있어도 성공한 인생이라고 했다.

우리 누나, 작은외삼촌, 친구A, 친구B 난 몇이나 있는 거야 대체.

2025년 6월 4일 수요일, '매일이 기다려지는 감사한 어떤 하루'

책은 '마음의 양식'이라고도 한다.

'마음의 양식'은 '정서적인 면이나 내면의 평화를 유지하며 즐겁고 건강한 삶을 영위하기 위해 마음과 감정을 관리하는 것'을 의미한다.

사실 나는 살면서 '그때 그런 선택을 내리길 잘했어.'라든지 '이걸 미리 시작해 놓아서 다행이야.' 같은 사례가 생각해 보니 딱히 없다.

이와 반대로, 그렇다고 해서 또 '그때 다른 선택을 내릴걸.'이라든지 '이럴 줄 알았다면 이걸 좀 미리 시작해 둘걸.'처럼 후회하고 있는 것도 마찬가지로 떠오르는 게 딱히 없다.

뭐 이 또한 어쩌면 내가 '감정'이라는 것에 무딘 탓일 수도 있겠다.

하지만 독서와 일기 쓰기를 시작한 것에 대해서만큼은 살면서 손에 꼽을 정도로 너무 잘한 일이라고 생각한다.

며칠 전 나는 '우리의 인생'을 '로또 복권'에 비유하여 대조해 가며 일기를 써 내려갔던 적이 있다.

내용을 요약해 보면 "당첨될 거라는 보장도 되지 않은 '로또 복권'에는 '될 수도 있다.'라는 희망을 품어 '일주일'을 기다리는 재미를 느끼면서 왜 정작 무슨 일이 일어날 거라는 보장도 되지 않은 '우리의 인생'에는 '좋은 일이 생길 수도 있다.'라는 희망을 품어 '날마다 주어지는 매일'엔 대체 무슨 이유로 아무런 재미도 부여하지 않는 거지?

'로또 복권'은 '일주일에 한 번'이고 '우리의 인생'은 '매일'인데?"

대충 이러한 내용이었다.

나는 책을 읽기 시작하면서 귀감이 되는 좋은 글들을 많이 보게 되었고
그로 인해 우리에게 매일같이 주어지는 하루에 감사함을 배우게 되며
문득 저런 생각이 들어 써 내려갔던 일기이다.

이렇게 나는 '나에게 매일같이 주어지는 하루에 대한 감사함'을
독서를 통해 배우게 되었다.

이런 감사함을 배우게 되니 매일이 내일을 기다리는 설렘이 있다.

본래 예전의 나 같았으면 "반복되는 일상에 지친다.."라든지
"오늘도 역시 일, 운동, 집, 일, 운동, 집, 일, 운동, 집이네.."라든지
"오늘도 역시 평소와 같은 일상이네.." 같은 생각에 사로잡혀
매일같이 음울한 하루를 보냈다.

하지만 독서를 통해 하루에 대한 감사함을 배우게 되면서부터는
"오늘도 별 탈 없이 평소와 같은 일상을 보냈네?"라든지
"오늘도 새벽에 울리는 알람 시간에 칼같이 맞춰 일어나 하루를 시작해
운동에 일에 독서에 일기 쓰기까지 내가 계획한 모든 걸 다 해냈네?"
혹은 "오늘도 어김없이 평소와 같은 하루였지만, 내일의 나에게는
또 어떠한 하루가 주어질까?"같이, 이처럼 나는 독서를 통해
'나에게 매일같이 주어지는 하루에 대한 감사함'을 배우게 됐을 뿐만 아니라
'건강하게 생각하는 법'까지 터득하게 되었다.

'심'의 건강이 좋아지는 데에는 '독서'만 한 게 없는 것 같다.
이래서 책을 '마음의 양식'이라고 하는 거구나 싶다.

항상 마음속 깊이 새겨 두며 살아가자 그렇게 다짐을 하면서도
계속 잊게 되는 말이 있다, 다시 한번 마음속 깊이 잘 새겨 두어야겠다.

"내가 반복되는 일상에 지친다고 불평하던 오늘이
누군가에게는 그토록 갈망하던 내일이었다고.."

"내가 역시 평소와 다를 거 없다며 음울해하던 오늘이
누군가에게는 그토록 염원하던 내일이었다고.."

가령 그게 나에게 생애 최악의 하루였을지라 하더라도
그런 오늘조차 누군가에게는 그토록 간절했던 내일이었다고.

2025년 6월 5일 목요일,
'느림의 미학'

모든 사람이 그러한 것은 아니겠지만, 대개의 사람이 보통
어떠한 무언가 혹은 시간에 쫓기는 상황에 놓이게 됐을 때
마음가짐이 조급해지고 행동거지가 다급해진다.

가장 큰 일례로 몇 가지를 꼽아 보자면
누군가와 약속한 시간은 다가오는데 해야 할 일이 남아 있다거나,
탑승해야 하는 대중교통 시간은 다가오는데 할 일이 남아 있다거나,
수많은 일례가 있지만 가장 크게 이 두 가지를 꼽을 수 있을 것 같다.

이러한 상황에 놓이게 되면 평상시에 해 오던 일들임에도 불구하고

조급하게 해결하려다 오히려 일을 더 그르치거나 실수를 범하게 되어
안 그래도 부족한 시간에 더 늦어져 버리기 일쑤다.

나는 『생각 버리기 연습』이라는 책을 통해
역설적이지만 '느린 것이 가장 빠른 것'이라는 것을 깨달았다.

나는 무언가 혹은 시간에 쫓기는 상황에 놓였을 때
가장 먼저 심호흡을 크게 한 뒤 '평상시에 해 오던 일들'을
최대한 '평상시에 해 오던 것처럼' 하려고 무던히도 노력한다.

이렇게 몇 번을 행동으로 옮겨 보니 밀려 있던 일들을 오히려
시간에 쫓겨 조급하게 행동하지 않고 차분하게 행동했을 때 그때야
비로소 일이 더 빠르게 일사천리로 마무리된다는 것을 깨닫게 됐다.

이 사실을 깨닫게 된 이후로는 '느림'을 내 일상에 스며들게 하여
평소와 같은 일상을 사는 와중에도 자연스레 '느림'이 연습 될 수 있게
'느린 것이 가장 빠른 것'이란 것을 항상 염두에 두고 인지하여
내 몸에 자연스레 스며들 수 있도록 최대한 노력하고 있다.

하지만 나도 사람인지라 시간에 쫓기는 상황에 처하게 되면
'느린 것이 가장 빠른 것'이란 것을 늘 염두에 두고 인지하고 있어
최대한 차분하게 행동하려고 그렇게 노력을 하는데도 불구하고
나도 모르게 조급해지고 다급해지는 경우가 비일비재하다.

시간에 쫓기는 상황뿐만 아니라 조급하고 다급한 모든 상황에
'침착하게' 그리고 '차분하게' 행동하려고 하는 이 연습이
수많은 연습 중 손에 꼽을 정도로 어려운 연습인 것 같고

그만큼 습득하기 어려운 것 같다.

평상시에 '느린 것이 가장 빠른 것'이란 것을 항상
염두에 두고 머릿속에 인지하고 연습하는 나조차도
조급하고 다급한 상황에서 '침착함'과 '차분함'이란 것들을
유지하기가 이렇게나 어려운데 다른 사람들은 오죽할까.

그렇다고 해서 또 '침착함'과 '차분함'은
조급하고 다급한 상황에서만 지녀야 할 것들이 아니다.

삶의 모든 부분에 그리고 모든 상황에 있어서 적용시킬 줄 알아야 한다고
생각한다.

"호랑이 굴에 들어가도 정신만 차리면 산다."라는 속담이 있다.

호랑이 굴에 들어가서 호랑이를 마주하게 될지라도
정신만 차리고 '침착하게' 그리고 '차분하게' 행동하면
살아남을 수 있다는 이야기이고

또 "하늘이 무너져도 솟아날 구멍은 있다."라는 속담도 있다.

그 어떠한 일이 생길지라도 '침착하게' 그리고 '차분하게' 생각하면
해결 방안 하나쯤은 분명히 나온다는 것이다.

내가 좋아하는 글이 하나 있다.

"지금 절망 속에 있다면
세상을 바라보는 눈과

옳고 그름을 느끼는 감각이

사라져 버리지 않도록

아무리 깊은 어둠 속에 있다고 할지라도

작은 틈 사이로 비치는 태양 빛을 바라보라.

절망은 결코 영원하지 않으리니."

– 도서, 『왜 너는 편하게 살고자 하는가』 중 –

혹여나 언젠가 '절망'이라 하는 시련이 나에게 찾아와도

세상을 바라보는 눈과

옳고 그름을 느끼는 감각이

사라져 버리지 않도록 '침착하게'

그리고

아무리 깊은 어둠 속에 있다고 할지라도

작은 틈 사이로 비치는 태양 빛을 바라보듯 '차분하게'

결코 영원하지 않을 '절망'이 가능한 '빨리' 지나가길 바란다면

'빨리' 지나가길 바라는 그 마음만큼, 그만큼 '느리게.'

2025년 6월 6일 금요일,
'서로를 사랑함에 있어서
존재하는 유일한 조건'

오랜만에 '사랑'이라는 주제로 글을 써 내려가 볼까 한다.
지금부터 써 내려가는 모든 이야기는 지극히 내 주관적인 의견이고,
지금부터 써 내려가는 모든 내용은 지극히 내 주관적인 생각들이다.

먼저, 다른 누군가가 서로 사랑하는 과정을 객관적인 시선으로
바라보며 빗대어 보고 또 내가 직접 해 본 '사랑'의 경험상
우리는 누군가와 서로 사랑에 빠지게 되면 연인 사이로 발전하고
그렇게 오랜 기간을 함께하겠다는, 더 나아가 먼 미래까지도
서로 함께하겠다는 기약을 하게 되는 것이 서로를 '사랑'함으로써
경험하게 되는 가장 보편적인 순리일 것이다.

그렇게 서로가 함께하는 미래를 약속하고,
미래에 서로가 함께하는 모습을 그리면서 가장 많이 하는 말들 중 하나.

"만나는 동안에 안 맞는 부분은 서로 노력해서 맞춰 가면 되지."

"안 맞는 부분을 서로 노력해서 맞춰 가는 것.."
이건 결코 사랑이 아니다. 이건 결코 사랑이라 말할 수 없다.

서로가 안 맞는 부분을 '노력'해서 '맞춰' 간다는 건
그때부터 그 사랑에는 본인들은 애써 '노력'이라 칭하는
셀 수도 없이 많은 '조건'이 마치 꼬리표처럼 달리게 된다.

정말 셀 수도 없이 많지만 몇 가지 예를 들어 보자면
"내가 이러한 행동을 하는 것을 네가 싫어하니까 안 하려고 노력해 볼게." 혹은
"우린 이런 부분이 안 맞으니까 중간에 타협점을 찾아 한번 맞춰 가 보자."
같은 '조건'들이 정말 꼬리에 꼬리에 꼬리를 물고 끝도 없이 이어진다.

본인 나름대로 본인 나름의 사랑을 해 본 사람들이라면
살면서 누구나 한 번쯤은 뱉어 봤을 법한 발언들이다.

서로 '맞춰' 가려 '노력'한다는 건, 설령 그게 아주 조금이라 할지라도
본래의 본인 모습에서 바뀌겠다는 이야기다.

"사람은 고쳐 쓰는 게 아니다."라는 말이 있다.
이 말이 왜 수면 위로 떠올라 세상 밖으로 나오게 됐을까.
내 경험상 사람은 결코 '절. 대. 로.' 안 바뀐다, 절. 대. 로.

이 말은, 즉
본인들 입장에서는 맞춰 가려, 바꿔려, 노력하는 순간 바로 그 순간이
분명 '사랑'으로 시작했던 게 '연극'으로 변질되어 버리는 순간이다.

설령 본래의 그 사람 모습이 지워지고 본인들이 애써 '노력'이라 칭하는
'연기'가 시작되어 그 사람이 아주 잠시 동안이나마 진짜 바뀐다고 한들
그 연기자들의 '연극은 언젠가 끝나기 마련'이다.

다시 본래의 모습을 되찾아 가고 그렇게 안 하려고 노력했던
상대방이 싫어하는 행동들이 다시금 하나씩 차차 나오게 되며
서로 맞춰 가기로 한 명확했던 '중간 타협점'은 가면 갈수록
모래바람 흩뿌려지듯 점차 흐려지게 되면서 다투는 날이 많아지고

그렇게 자연스레 결국 '이별'에까지 이르게 된다.

이게 대체 그 사람을 사랑하려 했던 건지,
아니면 그 사람 행동거지를 사랑하려 들었던 건지..

그럼 내가 생각하는 '진정한 사랑'이란 무엇이냐.

"그 사람 그 모습 그대로를,
그 사람이란 존재 자체를 사랑하고 사랑할 줄 아는 것."

"설령 그 사람이 내가 싫어하는 행동거지를 가지고 있어도
그 행동들조차 사랑하고, 사랑할 줄 아는 것."

"서로가 맞지 않는 부분이 있어도 애써 맞추려는 것이 아닌
그 불균형조차 사랑하고, 사랑할 줄 아는 것."

"내가 사랑하려는 사람이 내가 싫어하는 행동을 한다."
"내가 사랑하려는 사람이 이 부분은 나와 맞지 않는다."가 아닌

'그 사람이 하는 내가 싫어하는 행동들 또한 내가 사랑하는 사람'인 것.
'맞지 않는 부분은 서로 맞추는 것이 아닌 서로 다름을 공유'할 줄 아는 것.

'조건'을 사랑하는 것도 아닌데 '사랑'에 뭘 자꾸 조건을 달아..
사랑은 함께 '계획'하고 '계산'하는 것이 아니라 함께 '계속'하는 것이다.

아,
나도 누군가를 사랑할 때 따지는 유일한 '조건'이 하나가 있긴 있다.

'무조건'

동서고금을 막론하고, 이유를 불문하고, 그리고 우리는
'동성애자'인 그들도 존중해야 하기에 '남'과 '여'를 따지지 않고

'사랑'이란 응당, 내가 그 사람을 사랑하기로 마음을 먹었으면
무조건적인 사랑으로 온 힘을 다해 그 사람이 품고 있는 전부를
일말의 거짓 없이 진심으로 사랑하는 것.

이것이 바로 내가 생각하는 진정한 '사랑'이다.
'무조건적인 사랑.'

2025년 6월 7일 토요일, '내가 운동을 하는 이유, 거짓됨으로 나를 속여 운동이 주는 쾌락과 희열'

'국가가 허락한 유일한 마약' 중 하나라고도 불리는 '운동'

그렇게 불리는 만큼 우리는 보통 '운동'이라는 행위를 통하여
운동이 끝나고 난 직후 '개운함'이라는 '쾌락'과 '희열'을 느낄 수 있다.

그 '개운함'이라는 '쾌락'과 '희열'이 주는 중독성 때문에
'국가가 허락한 유일한 마약'이라는 수식어가 붙은 듯하다.

과거 10년 동안 헬스 트레이너였던 나는 지금의 몸을 유지하고자

흔히들 '헬스'라고 칭하는 '웨이트 트레이닝'을 매일같이 한다.
보통, 선수를 준비하는 사람이 아닌 이상 일반적인 사람들은
'근육의 성장'을 유도해 조금이라도 좋으니 현재 자신의 몸보다
몸이 더 좋아지고 싶다는 목적이나, '단순 건강'을 위한 목적으로
흔히 '헬스'라 칭하는 '웨이트 트레이닝'을 한다.

'근육의 성장'을 유도해 지금 자신의 몸보다 조금이나마 좋아지고 싶단
목적을 가지고 운동을 하는 사람들이라면 '근육의 성장'을 위해서는
'휴식'도 필수적으로 필요한 조건 중 하나이다. 그렇기 때문에
'헬스'를 하는 대부분의 사람은 적어도 최소 한 주에 하루 정도는
운동을 쉬어 줌으로써 근육에 완전한 휴식을 주는 경우가 일반적이고
그 이상으로 쉬어 주는 경우도 적지 않다.

그리고 10년 동안 헬스 트레이너로 일했던 나의 경험상
단순 '건강'을 위한 목적으로 운동을 하는 사람들이라면
주 3~4일 정도만 운동하는 사람들이 가장 많았다.

하지만 나는
'근육의 성장'이나 단순 '건강'을 목적으로 하는 운동이 아닌
지금의 몸을 유지할 수 있는 '칼로리 소모'를 목적으로
운동을 하는 사람이기에 단 하루도 빼먹지 않고 매일같이 한다.
일주일 내내, 한 달 내내, 1년 365일 내내 휴식 없이 그냥 한다.
무슨 브레이크 고장 난 오토바이도 아니고 아주 그냥 주야장천 한다.

운동량 또한 보통 '근육의 성장'을 목적으로 운동하는 사람들을 보면
1시간에서 1시간 30분 정도의 운동을 하는 경우가 가장 일반적이고
단순 '건강'을 목적으로 운동하는 사람들이 1시간을 넘기는 경우는

헬스 트레이너로 일했을 때도, 심지어 주변에서도 거의 못 봤다.

하지만 나는 흔히들 '헬스'라고 칭하는 '웨이트 트레이닝'으로만
매일 운동하는 시간이 3시간이 훌쩍 넘어간다.

'Set 수'로 비교를 해 보자면 비교적 운동을 많이 하는 편에 속하는
'근육의 성장'을 목적으로 운동하는 사람들도 보통 20~30Set?
정도 사이에서 운동을 마무리 짓지만, 나는 50Set를 넘게 한다.. 매일..
심지어 더 많이 하면 더 많이 했지, 적게 하는 경우는 결단코 없다.

물론 헬스 트레이너를 할 때부터 이렇게까지 운동을 한 건 아니다.
'강박증'이 심해지면서부터 나도 모르는 새 이렇게 되어 버렸다.
'강박증' 약을 복용한 기간은 어느새 2년은 이미 훌쩍 넘어갔고
정신을 차려 보니 어느덧 3년이 꽉 채워지는 시간을 향해 가고 있다.
이 정도의 기간을 이렇게 운동했다고 보면 된다.

'강박증' 이야기가 나온 김에 나의 '강박증'이 얼마나 심한 편인지
나에게 실제로 일어났던 내 예전 사례 중 하나를 이야기해 보자면

과거에 내 친구의 실수로 정확히 발톱들만을 제외한 내 왼발 발등 전체의
살가죽이 다 녹아내려 벗겨질 정도로 심한 화상을 입었던 적이 있었다.
그때 당시 의사 선생님께서도 입원을 권유했을 정도로 심한 편이었다.
병원에만 처박혀 있기는 싫어 입원을 거부하고 집으로 가겠다고 하니
의사 선생님께서 해 주시던 말씀이 있는데 처음에는 믿지 않았다.
"화장실도 못 갈 정도로 아플 테니 방에 소변 통 하나 구비해 놓으세요."
이 말을 들었을 때까지만 해도 솔직히 속으로는 '뭘 그 정도까지..' 했다.

그렇게 왼발에는 붕대를 칭칭 감고 목발을 짚어 집으로 돌아왔다.
내가 내린 이 판단이 섣부른 판단이었다는 걸 깨닫는 데까지는
그리 오랜 시간이 필요하지 않았다.

정말이지 다음 날부터 누가 도끼로 발등을 계속 내려찍는 듯한 고통이
24시간 내내 동반했다. 정말 혼자 화장실도 못 갈 정도의 통증이라
실제로 두 달 동안을 방에 소변 통을 구비해 놓고 살았다..
목발을 짚고 서는 순간 진짜 발등이 터져 버릴 것 같은 통증이었다..

그런데.. 이 이야기는 지금부터가 중요하다.
이렇게 두 달 동안을 혼자 화장실도 못 갈 정도로 동반하는 통증과
목발을 짚고 일어선다고 한들 발등이 터져 버릴 것 같은 통증에 시달린
그 두 달 동안, 그때 당시 내가 다니고 있던 헬스장은 건물 3층에 위치해
엘리베이터까지 없어 계단으로 걸어 올라가야 했던 헬스장이었기에
내 발에 화상을 입힌 친구에게 "어떻게든 헬스장까지만 태워다 달라."
부탁해, 짐승처럼 네 발로 3층까지 기어코 계단을 기어 올라가
단 하루도 빠짐없이 어떻게든 운동을 했던 사례가 있다.

내가 하루도 빠짐없이, 매일 3시간을 넘게, 매일 50Set를 넘게
이렇게까지 운동하는 데, 내가 겪고 있는 '강박증'도 한몫을 했을 것이다.
항상, '오늘은 좀 쉬어야지.', '내일은 좀 쉬어야지.' 생각을 반복하면서도
매일 새벽 5시 30분에 울리는 알람 시간에 칼같이 일어나 운동을 간다.
머리는 '쉬어야지.' 하고 있는데 어느샌가 내 몸은 헬스장으로 가고 있다.

뭐 좋게 생각하면 강박이 나에게 꾸준함과 부지런함이라는 장점으로 적용되는
부분 중 하나라고 해석할 수도 있겠다.

또 다른 이유로는
운동을 다 끝마쳤을 때의 '개운함'이라는 '쾌락'과 '희열'이 있다.
이게 운동에 중독되는 많은 사람의 가장 큰 이유일 것이다.

우리는 주변에서
'운동'을 통해 '스트레스'를 해소한다는 사람들을 적지 않게 볼 수 있다.

하지만 이 얘기는 반은 틀리고 반은 맞는 얘기이다.
왜냐하면 여기에는 한 가지의 '모순'이 숨겨져 있다.

우리의 몸에는
스트레스의 정도를 좌지우지하는 '코르티솔'이란 호르몬이 있다.

'코르티솔'의 호르몬 수치가 증가하면 우리의 스트레스 지수는 올라가고
'코르티솔'의 호르몬 수치가 감소하면 우리의 스트레스 지수는 내려간다.

이게 운동과 어떠한 상관관계에 있느냐 하면

걷기나 산책 혹은 등산도 될 수 있다. 이런 '가벼운' 유산소성 운동들은
'코르티솔'의 호르몬 수치를 감소시켜 스트레스 지수가 내려가게 되어
실제로 스트레스 해소에 도움이 된다.

하지만 흔히들 '헬스'라고 칭하는 '웨이트 트레이닝' 같은 운동은
바벨(Barbell)이나 덤벨(Dumbbell) 같은 무거운 쇳덩이를 들고 하는
이 운동의 특성상, 비교적 이런 '고강도'의 근력 운동들은 오히려
'코르티솔'의 호르몬 수치를 증가시켜 스트레스 지수가 올라가게 된다.

하지만 우리는
'웨이트 트레이닝'을 하면 스트레스가 해소된다고 하는 사람들과
스트레스를 받는 일이 있으면 '헬스'를 하러 간다는 사람들을 주변에서도
생각보다 그리 어렵지 않게 찾아볼 수 있다.

그럼 도대체 이런 경우는 어떠한 경우냐.
'웨이트 트레이닝'뿐만 아니라, 이와 같은 고강도 운동을 하는 와중에는
'코르티솔'의 호르몬 수치가 증가해 스트레스 지수가 올라가는 것은
단순히 그냥 내가 하는 말이 아닌 실제로 밝혀진 명백한 사실이다.

하지만 운동이 종료된 이후에
운동을 하면서 증가했던 '코르티솔'의 호르몬 수치가 운동이 종료되면서
점점 정상 수치로 감소하게 되고 그러면서 올라갔던 스트레스 지수도
자연스레 정상 수치로 내려오게 되어 마치 스트레스가 해소되는 것처럼
뇌가 착각을 하게 되어 진짜 스트레스가 해소되는 것처럼 느끼는 것.

걷기나 산책 혹은 등산 같은 이런 '가벼운' 유산소성 운동들은
'코르티솔'의 호르몬 수치가 감소해 스트레스 지수는 내려가기에
실제로 당연히 '개운함'이라는 '쾌락'과 '희열'을 느낄 수 있지만

이와 반대로
'코르티솔'의 호르몬 수치가 증가해 스트레스 지수가 올라가는
'웨이트 트레이닝'뿐만 아니라 이와 같은 '고강도' 운동을 강행하면서도
마치 스트레스가 진짜 해소되는 듯한 '개운함'이라는' 쾌락'과 '희열'을
느낄 수 있던 것에는 이러한 이유가 숨어 있던 것이다.

음.. 한마디로 사서 고생하는 셈이다..

하지만 강박이 심하게 있는 나로서는
'마음이 불편한 것보다 몸이 불편한 게 낫다.'라고 생각하며
'마음이 힘든 것보다 몸이 힘든 게 낫다.'라고 생각하는 사람이기에
무슨 일이 있어도 어떻게든 시간을 내고,
무슨 일이 있어도 할 수 있는 방법을 찾아내면서까지
단 하루도 빠짐없이 운동을 지속하고 있다.
참 이런 나를 보고 있노라면 떠오르는 말 하나..
"머리가 나쁘면 몸이 고생한다."
근데 혹시 많은 사람이 반대로 생각해 본 적은 있을까?

"살 빼야 되는데.. 살 빼야 되는데.."
"운동해야 되는데.. 운동해야 되는데.."
"오늘까지만 먹고 내일부터 진짜 운동해야지.."
"이번 주까지만 놀고 다음 주부터 진짜 운동 다녀야지.."

이렇게 항상 자신과의 내적 갈등으로 힘들어하는 사람들을 위해
주제넘지만 전직 트레이너로서 한마디만 하겠다.

"육체가 고생하면 뇌가 편하다."

2025년 6월 8일 일요일, '말로 그림을 그려 보라'

"말로 그림을 그려 보라."

– 존 러스킨 –

'말'의 힘은 정말 대단한 것 같다.
"말 한마디로 천 냥 빚을 갚는다."라는 말도 있다.

나는 과거 고등학교 학창 시절에 소위 얘기하는 '문제아'였다.

나에게 '교과서'란 '베개'였고
'상담실'이 곧 내 '교실'이었으며
'교무실'이 곧 내 '집'이었고
'무단 조퇴'는 내 '군것질거리'에
'무단결석'은 뭐 거의 내 '식사'였다.

자랑은 아니지만 선생님들께 반항하며 다투는 건 내 '루틴'이었고
내 '등교 시간'과 '하교 시간'은 곧 '점심시간이 시작되는 시점'과
'점심시간이 끝나는 시점'으로 이루어져 있었다.

출석 같지도 않은 출석으로 얼굴도장도 찍을 겸, 무엇보다 중요한 건
학교에서 제공되는 급식이 내 입맛에는 꽤나 잘 맞았기 때문이다.

자랑은 무슨..
이렇게 적나라하게 써 내려가 놓고 보니 낯부끄러워 죽겠다.

이렇듯 내 학창 시절의 학교생활만 보아도 어림짐작할 수 있겠지만
나는 학교의 거의 모든 선생님을 싫어했다.

하지만 내가 유일하게 좋아했던 선생님이 두 분 계셨는데
그 두 분 중 한 분이 '상담 선생님'이셨다.

상담 선생님과 상담을 할 때면 철이 없던 나를 유일하게 이해해 주시고
'반항심'으로만 가득했던 내 이면을 유일하게 공감하고 헤아려 주시는
그런 선생님이라고 느꼈기 때문이다.

그래서 나는 툭하면
내 상담 시간이 아닌 다른 학생이 상담을 받고 있는 시간에도
수업까지 빼먹고 틈만 나면 상담실에 찾아가, 학생을 앞에 앉혀 놓고
상담을 하고 계신 선생님 바로 옆 의자에 찰싹 붙어 앉아 있고는 했다.

선생님께서는 이러면 안 된다고 얼른 수업 들어가라고 말씀하셨지만
나는 연신 빈둥거리며 괜찮다고 말하고 그냥 앉아 있었다.

아니 학교에서 선생님이 안 된다고 하시는데 내가 뭐라고 괜찮다고..

지금 이렇게 글을 써 내려가 놓고 보니 '문제아'가 아니라 '민폐아'였다.

그만큼 '상담 선생님'이 좋았다.
그래서 성함 또한 10년이 훌쩍 지난 지금까지도 기억한다.

'길○○ 선생님'

심지어 나는 이 선생님의 영향을 받아 나도 누군가의 마음에 공감하고
나도 누군가의 마음을 헤아려 줄 수 있는 사람이 되고 싶다는 생각에
한때는 '심리 상담사'의 꿈을 가지고 있을 때도 있었다.

하지만 나는
그렇게 성인이 되고, 헬스 트레이너와 필라테스 강사가 되었고

과거에 헬스 트레이너와 필라테스 강사로 근무를 했을 때

내가 누군가의 '육체 건강'에 극히 일부라도 '선한 영향력'을
끼칠 수 있는 사람이라는 생각에 내 직업에 대해 그리고
나라는 사람에 대해 강한 자부심을 가지고 있었다.

그런 나라는 사람이 좋았다.

그래서 이제는 '말'로써, '글'로써 누군가의 '마음 건강'에 극히 일부라도
'선한 영향력'을 끼칠 수 있는 능력을 지닌 사람이 되고 싶다.

'말'로써 누군가의 머릿속에 '그림'까지 그려 낼 수 있는
'글'로써 누군가의 머릿속에 '그림'까지 그려 낼 수 있는
그런 능력을 지닌 사람이 되어

'말'로 '그림'을 그려 누군가의 마음을 아주 섬세하게 헤아려 주고 싶다.
'글'로 '그림'을 그려 누군가의 마음을 아주 세세하게 헤아려 주고 싶다.

그렇게 하나하나 놓치지 않고 아주 면밀하고 꼼꼼하게
지친 마음을 위로해 주고 지친 마음을 헤아려 주고 싶다.

'말'로써 '글'로써
내가 누군가에게 그렇게 해 줄 수 있게 부지런히 노력하겠다.

'말'로써 아주 섬세한 한 폭의 '유화'를 그려 내듯
'글'로써 아주 세세한 한 폭의 '풍경화'를 그려 내듯
꼭 그런 능력을 지닌 사람이 되어

누군가가 그려 낸 '마음의 그림'이란 작품에 깊이 공감해 줄 수 있기를.
누군가가 그려 낸 '마음의 그림'이란 작품에 위로가 되어 줄 수 있기를.
누군가가 그려 낸 '마음의 그림'이란 작품에 큰 힘이 되어 줄 수 있기를.

언젠가는 나도 그런 능력을 지니게 되는 날이 오리라는 믿음 하나로
꼭 그런 능력을 지닌 자가 되어 누군가의 삶에 '쉼터'가 되어 줄 수 있는

그런 날이 오기를 간절하게 바라 본다.

2025년 6월 9일 월요일,
'실현시키지는 못했어도 실천은 했다, 그런데'

며칠 전 내가 써 내려갔던 일기 중 지금껏 읽어 왔던 글 중에서
내게 가장 큰 감명을 남겨 줬던 글이라며 써 내려간 글이 있다.

"많은 사람이 착각하는 게 있어. 두려움을 느끼지 않는 게 용기라고."
"용기.. 그거 아닙니까?"
"아니.. 두려움을 느끼지 않는 게 아니라 두려워도 계속하는 게 용기야."

그리고 다른 또 하나의 글

"계획을 세우지 마라.
스무 살에 이걸 하고 다음에는 저걸 하고, 하는 식의 계획은
내가 볼 때 완전히 난센스다. 완벽한 쓰레기다. 그대로 될 리가 없다.
세상은 복잡하고 너무 빨리 변해서 절대 예상대로 되지 않는다.

대신 뭔가 새로운 것을 배우고 뭔가 새로운 것을 시도해 보라.

그래서 멋진 실수를 해 보라. 실수는 자산이다.

대신 어리석은 실수를 반복하지 말고, 멋진 실수를 통해 배워라."

— 미래학자 다니엘 핑크 —

'아주 작은 회사의 모델이라고 해도 한 회사의 피팅 모델로서

단 한 번이라도 촬영해 보기'라는 꿈과 목표를 가지고 있는 나는 문득

내가 정말 절실하게 이루고 싶은 꿈과 목표라면

'모델나라'라는 피팅 모델 구인 구직 홈페이지에 고작

프로필 등록만 해 놓고 기다리기만 하는 건 아니라는 생각이 들었다.

적어도 한 업체에 직접 찾아가는 열정 정도는 보이고 싶었다.

이 생각과 동시에 핸드폰을 집어 들어 현재 전라북도에 살고 있는 나는

'전주 피팅 모델 업체'를 검색했고 꽤나 커 보이는 회사가 하나 나왔다.

하지만 검색한 회사에 등록되어 있는 모델들을 보니 주눅이 들었다.

실로 연예인 뺨치게 잘생겼더라. 아니, 연예인보다 더 잘생겼더라.

그 모델들을 보고는 막상 가려고 하니 내심 두려웠다.

하지만 나는 '나도 분명 나만의 개성이 있고 매력이 있다.'라고 생각하며

스스로에게 계속하여 '용기'와 '자신감'을 연신 북돋아 주었다.

그래서 나는 과거 한 필라테스 센터의 '팀장'으로 근무했을 당시 받았던

내 명함을 가지고 곧장 차를 몰아 전주로 향했다.

운전을 하면서 수만 가지의 생각을 했다.

당차게 명함을 내밀며 내 어필을 강하게 할 수 있을 만한 멘트들도
머릿속으로 계속 생각하고, 내 예상과는 다르게 전개될 수 있는
수많은 상황도 미리 생각해 가며 그 상황들에 대한 대비도 했다.

이런 용기를 낸 나에게 뿌듯했다.

그렇게 나는 '생각만 하지 말고 일단 움직이자.'라는 생각에 사로잡혀
핸드폰으로 검색했던 회사명을 내비게이션에 입력하지도 않은 채
일단 전주로 차를 몰았다. 내비게이션은 일단 전주에 도착을 하고
입력할 심산이었다. 그렇게 전주에 도착을 하여 검색했던 회사명을
내비게이션에 입력했다.

그런데.. 이게 웬걸.. 아무런 정보도 나오지 않았다.
나는 다시 핸드폰으로 해당 회사를 다시 검색해 꼼꼼히 살펴보았다.

그렇다. 해당 회사 건물은 서울에 위치한 건물의 회사였고
단지 전주에 살고 있는 모델들도 소속되어 있는 회사였으며
그 전주에 살고 있는 모델들도 다른 업체와 이어 주는 역할의 회사였다.

난 분명히 '두려워도 계속하는 용기'는 냈다. 그런데..

이 또한 '멋진 실수'라고 말할 수 있는 건가..?

2025년 6월 10일 화요일,
'한숨'

"
한숨.
"

나는 한숨을 자주 쉰다.

매일 새벽 5시 30분, 항상 내 하루의 시작을 가장 먼저 알리는

핸드폰 알람 소리를 다음으로 내 하루의 시작을 알리는 소리라고는

잠자는 동안 참아 왔던 내 방 안에 퍼지는 나의 깊은 한숨 소리뿐이다.

새벽 운동을 가기 위해 매일같이 울리는 항상 동일한 알람 시간에

곧장 일어난 침대에 걸터앉아 한숨.

헬스장에 가기 위해 차에 올라타 한숨.

헬스장 앞 주차장에 도착해 한숨.

운동을 시작하기 전에 한숨.

운동을 끝내고 나와 출근을 하기 위해 차에 올라타 한숨.

적막만이 나를 반기는 집으로 돌아와 출근 준비를 다 끝내 놓고 한숨.

퇴근 후 저녁 식사를 하기 위해 밥상을 차려 놓고 식사를 시작하기 전

하루의 마무리를 알리는 저녁 밥상 앞에 앉아 한숨.

내가 한숨을 자주 쉬는 것은 알고 있었지만
이렇게 적어 놓고 보니 한숨을 자주 쉰다는 게 더 여실히 느껴진다.

이런 '한숨'에도 여러 가지 종류의 한숨이 있다.

인생이 고달플 때 내쉬는 삶에 대한 원망이 섞인 한숨.
힘들고 지칠 때 내쉬는 나 자신에 대한 위로가 섞인 한숨.
한 템포 쉬어 가고자 할 때 내쉬는 잠깐의 한숨.
걱정하던 일이 완만히 해결되었을 때 내쉬는 안도의 한숨.

모든 종류의 한숨을 다 적은 것도 아닌
생각나는 것만 적은 것인데 이렇게나 많은 종류의 한숨이 존재한다.

그런데 많은 사람이 이 '한숨'에 강한 선입견을 가지고 있다.
멀리 가지도 않고 우리네 부모님들만 보아도 알 수 있다.
우리 부모님께서도 한숨을 쉬는 나를 보실 때면 무슨 일 있냐고,
한숨 좀 그만 쉬라고, 세상 무너졌냐고, 땅이 다 꺼지겠다며
이렇게 걱정과 달갑잖음이 공존하는 잔소리를 연거푸 하신다.

위에서도 말했다시피 한숨의 종류는 저렇게나 무수히도 많은데
지금 내가 쉬는 한숨이 어떤 의미를 가진 한숨인지도 모르시면서.

단지 숨 한 번 크게 내쉬는 것으로 마음에는 한결 평화를 가져다주는데
이런 '한숨'은 어쩌다가 우리에게 악역이 되었을까.

나는 많은 사람이 한숨에 대한 선입견을 버리고 남 눈치 보지 말고
한숨을 마음껏 좀 많이 내쉬었으면 좋겠다.

우리에게 한숨은,
혼자서 힘들어하는 그 여느 때 유일하게 언제나 변함없는 모습으로
두 팔 벌려 우리를 기다리고 있다가, 의지할 곳을 잃어 방황하던 중
불쑥 찾아오는 우리를 언제든지 안아 주며 위로해 주는 존재이기에,
그 무엇보다 굳건하고 그 누구보다 감사한 버팀목일지도 모른다.

이런 감사한 '한숨'을, 나는 사랑한다.

2025년 6월 11일 수요일,
'소녀 가장'

내가 이 세상에서 가장 사랑하는 사람, '우리 누나'

우리 누나와 나는 다른 남매들과는 다르게 사이가 좀 각별하다.

보통 내가 아는 남매들은
틈만 나면 서로 다투기 일쑤고 뭐 물어뜯을 게 없나 하고
호시탐탐 기회를 노리다 건수 하나 잡히면 서로 물어뜯기 바쁘다.
대화를 나누는 어투에서도 '애정'이란 건 개나 줘 버린 지 오래다.
모든 남매가 이런 것은 아니겠지만 적어도 내 주변만큼은
가족 구성원 중 남매가 있는 사람들 열 중에 열은 실제로 그랬다.

그런 남매들과는 다르게 나와 우리 누나는
둘이 같이 길을 거닐 때면 누나가 나에게 팔짱을 끼고 다닌다든지
내가 누나에게 어깨동무를 한 채로 다닌다든지, 밖에서 밥을 먹을 때면
단지 그냥 낯선 곳에서 밥을 먹는 것조차 다른 사람들의 눈치를 볼 정도로
숫기가 극히 없는 우리 누나이기에 누나한테 "먹고 싶은 반찬이 뭐냐."
라고 물어보며 상 위에 놓인 그 반찬 그릇을 누나 앞에 가져다주거나
뼈에 붙은 살코기 종류의 음식을 먹을 때면 뼈에 붙어 있는 살코기들을
묻지도 않고 미리 알아서 다 발라 놓고 누나 앞에 가져다주고는 했다.

몇 년 전 누나가 인천으로 시집을 가게 되면서 이제 남편이 있는 누나와
서로 사는 곳까지 거리도 너무 멀어져 이러한 시간을 보내는 일들은
자연스레 줄어들었지만 그래도 가끔 만나 둘이 어딘가를 다닐 때면
위에 말한 저 이야기들은 지금까지도 현재 진행형인 이야기들이다.
심지어는 지금까지도 나와 우리 누나는 단 하루도 거르는 날이 없이
연락조차도 매일 하며 지낸다. 매일을 연락하면서도 누나와 나는
무슨 할 얘기들이 그리 많은지 대화 내용이 항상 하는 똑같은 이야기들
일지라도, 이 글을 써 내려가는 지금 이 순간조차 연락을 하고 있다.

이 이야기를 내 주변 지인들에게 할 때면 남매가 있는 지인들은
소스라치게 놀라거나 항상 경악을 금치 못했다.

우리 누나와 나의 나이 차이는 고작 3살 터울이다.

철없던 나의 10대와 20대 초반, 사연 없는 가정이 어디 있겠냐마는
우리 집은 아버지의 개인적인 사정, 어머니의 건강, 철없던 나로 인해
우리 누나는 어린 나이부터 '소녀 가장'처럼 살아왔다.
심지어 학창 시절에 소위 말하는 '문제아'였던 내가 사고를 칠 때면

우리 누나는 내가 친 사고를 수습할 수 있는 방법이 돈이든 행동이든 방법이 뭐가 되었든 간에 내가 친 사고를 수습하러 다니기 바빴다.

20대 극초반, 어리다면 어린 나이에 생활비, 어머니의 용돈, 하다못해 먼 훗날 결혼을 위해 모아 두고 있었던, 어렴풋이 기억해도 몇천이나 되는 돈을 가정사로 인해 가정에 다 헌납했던 누나였고, 절망과 스트레스에 빠져 내 앞에서 눈물을 보인 적도 있었다.

이날이 태어나 처음으로 우리 누나의 눈물을 보게 됐던 날이었다.

결과론적으로도 지금 시집을 간 우리 누나는 혼인 신고만 했을 뿐 실제로 아직까지 결혼식을 올리지 못했다.

이 생각이 날 때면 항상 마음 한구석이 아려 온다.

지금도 철없는 나지만 하필이면 그중에도 하필 한창 철없을 나이에 어머니 건강까지 악화되면서 체감상 누나 밑에서 보살핌을 받으며 살아온 거 같은 나의 인생에 나도 모르게 심과 신이 길들여졌던 것일까. 심과 신이 지쳐 한없이 무너져 내릴 때면 당연히 부모님 생각도 나지만 우리 누나 생각이 가장 먼저 나고 가장 많이 난다.

이랬던 누나가 몇 년 전 인천으로 시집을 가게 되었고 우울증이 있는 나는 30대가 넘어간 지금도 심과 신이 지칠 때면 무언가에 홀린 듯이 바로 누나가 있는 인천으로 차를 몬다.

그렇게 내가 힐링을 위해 인천에 가는 일이 있으면 우리 누나는 내가 하고 싶다던 모든 일을 항상 계획까지 다 미리 세워 놓고는

인천에 있는 내내 내가 가고 싶다던 장소를 한 군데도 빠짐없이
내가 누나를 보러 인천에 갈 때마다 항상 데리고 다니며

내가 먹고 싶다던 음식들을 항상 집에서 손수 만들어 주기도 하고
내가 먹고 싶다던 음식들을 미리 알아 둔 매점으로 데려가 먹이고

기어코 내가 하고 싶어 하던 것들을 다 할 수 있게 만들고,
기어코 내가 먹고 싶어 하던 것들을 다 먹을 수 있게 만들고,
그렇게 항상 심과 신이 최대한 치유되어서 돌아갈 수 있게 만들어 준다.

그럴 때마다 나의 심과 신도 실로 진짜 많이 치유가 되는 느낌이다.

이렇게 30대가 넘어간 지금까지도 나는
심과 신이 지칠 때면 변함없이 누나 먼저 찾는 응석받이다.

인간에게 만약 '다음 생'이란 게 실제로 존재하고

신이 만약 어느 한 가족의 구성원 중 한 명으로 다시 태어날 수 있는
선택권을 나에게 부여해 주신다면

나는 다른 건 몰라도 꼭 우리 누나 동생으로 다시 태어나게 해 달라고

'다음 생'에도 우리 누나 동생으로 살 수 있게 해 달라고 애원할 것이다.

인간에게 만약 '다음 생'이 실제로 존재한다면, 그 '다음 생'에선

가족을 위해 희생했던 우리 누나가 아닌

나를 위해 헌신했던 우리 누나가 아닌

누나를 위해 희생하는 동생이 되어 태어나

누나를 위해 헌신하는 동생이 되어 태어나

동생이 어리석은 탓에 그동안 누나 덕분에 편하게 살았었다는 걸
비록 이제 와서 깨달아 버린 동생이지만, 뒤늦게나마

나에게 있어서는 '다음 생'이 될 그때의 나 덕분에
조금이나마 편하게 살았던 우리 누나의 '이번 생'을 만들어 주고 싶다.

2025년 6월 12일 목요일, '평화주의자를 지향하는 내가 유일하게 좋아하고 권장하는 싸움'

나는 세상 모든 종류의 싸움을 싫어한다.
실제로 언쟁을 귀찮아하고 경쟁을 회피하며
항상 평온을 제 발로 찾아가고 혼자만의 고독을 즐긴다.

이런 내가 유일하게 좋아하고 남들에게까지 권장하는 '싸움'이 있다.

그 싸움은 '나 자신과의 싸움'이다, 이 '싸움'은
나처럼 세상 모든 종류의 싸움을 싫어하는 사람들뿐만 아니라
설령 그 사람이 자신이 아닌 '타인과의 싸움'에서 성취하는 승리를

좋아하는 사람일지라도 그런 사람들에게까지도 권장한다. 이유는,

나는 '나 자신과의 싸움'에서 계속 승리하는 사람이 되어 가다 보면
'타인과의 싸움'에서의 승리는 자연스레 잇따라 오게 되는 것이라고
생각하는 사람이기 때문이다.

본론에 앞서 내가 '타인과의 싸움'을 싫어하게 된 가장 큰 이유는
'때 이른 포기'를 불러올 수도 있다는 점에 있다.

내가 직접 느꼈던 바로도, 객관적인 시선으로 많은 사람을 바라봤던
내 주변 실제 사례들을 놓고 보아도 실로 그러했다.

'타인과의 싸움'은 특성상 나 아닌 다른 누군가와
상대적으로 비교해 가며 경쟁하게 되는 특성이 있다.

나는 군 복무를 제외하면 나의 20대 전부를
헬스 트레이너와 필라테스 강사로 보낸 사람이기에

무언가에 비교하며 예를 들어 보자니
'운동'밖에 떠오르지 않아 그냥 운동으로 예를 들어 보겠다.

내가 직접 느꼈던 사례는, 나도 초반에는 운동만 열심히 하면
빵빵한 가슴과 떡 벌어진 어깨, 태평양만큼 드넓은 등판 그리고,
멋들어진 복근이 나오는 줄 알았다, 하지만 현실에 부딪혀 보니
'운동'만으로는 그렇게 되는 건 한계가 있단 걸 뒤늦게 깨달았다.

피트니스 문화가 크게 발전한 요즘은 몸을 만들기 위해서는

‘운동’뿐만 아니라 ‘식단’도 필수로 병행해야 한다는 사실은
마치 ‘1+1=2’와도 같은 손쉬운 공식처럼 거의 모두가 알고 있을 것이다.

“운동이 왕이고 식단이 여왕이며 왕과 여왕이 만나야 왕국을 이룬다.”
라는 말이 있을 정도로 식단도 운동만큼, 아니 운동보다 더 중요하다.

물론 예외는 있다. 남들보다 좀 더 우월한 유전자를 가져 운동만 해도
실로 빵빵한 가슴과 떡 벌어진 어깨, 태평양만큼 드넓은 등판 그리고,
멋들어진 복근이 나오는 그런 사람이 있다. 이렇게 식단을 하지 않고
운동만 해도 몸이 계속 좋아지는 그런 특별한 유전자를 가진 사람들이
솔직히 많지는 않지만 실제로 존재하는 건 부정할 수 없는 사실이다.

단, 한 가지 확실한 건
그러지 못한 사람들이 비교도 안 될 만큼 훨씬 더 많이 존재한다.

나 또한 그런 특별한 유전자를 가진 사람이 아니다.
심지어 나는 몸 만들기에 있어서 유전자며 신체 조건이며
최악의 조건이란 조건은 다 가지고 있다는 말까지 들어 봤다.

지금까지 10년을 운동한 나는 그 10년 중 후반부 5년 동안
해마다 한 번씩 시합 준비나 촬영 준비를 위해 몸의 체지방을
가능한 한 최대한 많이 걷어 내야 하는 작업의 다이어트를 해 왔다.

그렇게 어떠한 목적이 있는 ‘다이어트’를 시작하게 된 이래로
나의 마음속 이면에는 언제나 ‘내가 이 일을 시작하게 된 이상
나도 살면서 한 번쯤은 체지방률 3%를 한번 달성해 보고 싶다.’
라는 목표가 항상 마음 한편에 자리 잡고 있었다.

체지방률의 수치는 사람마다 다르지만, 그때 당시 내 몸을 기준으로
체지방률 3%라는 수치는 내 몸에서 체지방을 단 1kg만 남겨 놓고
나머지를 다 걷어 내야만 가능한 수치였다.

그렇게 다이어트 1년 차 6%, 2년 차 4%, 3년 차 4%, 4년 차 5% 그리고,
내 생에 마지막 다이어트라 생각하고 강행했던 5년 차.. 드디어 3%..

지금까지 한 모든 다이어트가 한 번도 빠짐없이
하루 종일 현기증을 동반하고 구름 위를 걷는 듯한 몽롱한 느낌에
누군가 툭 건들기만 해도 픽 하고 쓰러질 것처럼 너무 힘들었다.

운동만 10년을 한 나도 내가 정한 목표를 이루기까지 5년이 걸렸다.

나에게는 나한테 개인 레슨을 받는 내 지인들도 많았다.
그런 내 지인들 중 어떤 지인들은 특정 인물 한 명을 콕 집으며
"너 정도는 바라지도 않으니 누구 정도만 됐으면 좋겠다."라고
말하는 경우를 생각보다 적지 않게 접했다.

그런데 나는 이 일을 직업으로 하고 있는 사람이니 그렇다 쳐도
특정 인물을 꼽아 말해도 운동 경력이 최소 년 단위는 되는
하필이면 꼽아도 꼭 그런 사람들을 꼽으며 말했다.

"너 정도는 바라지도 않으니 누구 정도만 됐으면 좋겠다."라고
말하는 것부터가 벌써 본인을 남과 비교하기 시작하는 것이다.

아무리 인심 써서 좋게 말해 준다 해도
이런 경우 운동을 6개월 이상 지속하는 사람은 단 한 사람도 없었다.

이렇게 비교하기 시작하면서부터는 본인이 콕 집어 말한
그 특정 인물이 했을 노력은 생각도 안 하고 현실에 정작 부딪혀 보니
'나도 그 사람처럼 열심히 하는데 왜 나는 저렇게 안 되지.'란 생각을
자연스레 하게 되면서 흥미를 잃어 결국 포기하게 되어 버리는 것이다.

나도 당연히 이런 때가 있었다.
어떤 특정 인물을 생각하며 나 자신과 비교하기 시작하니
흥미가 떨어지는 것을 느꼈던 시기가 나한테도 존재했었다.
하지만 나는 '남과 나를 비교하게 되는 순간 흥미를 잃게 되어
운동을 포기해 버릴 수도 있겠다.'라는 것을 깨닫고 그때부터는
남과 나를 비교하는 게 아닌 과거의 나 자신과만 비교해 가며
그렇게 '나 자신과의 싸움'을 시작해 나갔고 지금까지 지속하고 있다.

그때부터는 '작년의 나보다만 좋아지자.'라는 생각뿐이었고
그랬더니 그 이후로 운동에 흥미를 잃는 일은 거의 없었다.

난 개인적으로 지금까지 써 내려온 모든 게
운동뿐만 아니라 모든 분야, 모든 목표, 모든 꿈에
있어서도 가리지 않고 적용되는 부분이라고 생각한다.

혹여나 '타인과의 싸움'에서 승리하고자 하는 사람이라면
위에서도 말했다시피 나는 '나 자신과의 싸움'에서 계속 승리하는
사람이 되어 가다 보면 '타인과의 싸움'에서의 승리는 알아서
자연스레 잇따라 오게 되는 것이라고 생각하는 사람이기 때문에

'타인과의 싸움'에서 승리하고자 하는 사람들에게도
'자신과의 싸움'을 권장하는 편이다.

지금 이 순간에도 '타인과의 싸움'을 하고 있을 많은 사람에게
그리고 '자신과의 싸움'을 하고 있을 많은 사람과 그런 나에게
주제넘지만 감히 해 주고 싶은 말이 있다.

'느린 것'은 잘못이 아니다, 하지만 그렇다고 '멈추는 것'은 잘못이다.

조금 느리면 뭐 어때, 가고 있잖아.

나도 '한 회사의 피팅 모델로서 단 한 번이라도 촬영해 보기'라는
목표와 꿈을 지니고 있는 사람이다.

이 목표와 꿈을 이루는 데 몇 년이 걸려도 괜찮다.
아저씨가 되어도 괜찮다, 설령 노인이 되어서도 괜찮다.
기어코 언젠가 이 목표와 꿈을 꼭 한 번은 이뤄 내고야 말 것이다.

"조금 느려도 괜찮다, 멈추지만 말자."

2025년 6월 13일 금요일, '첫사랑의 기준'

'첫사랑'이란 건 참 명확한 기준을 세우기에는 유독
모호한 부분이 많은 것 같다, 그런 만큼 많은 사람에게
"첫사랑의 기준이 무엇이라 생각하냐."라고 물어보게 되면
많은 이의 입에서 나오는 그 기준도 참 각양각색이다.

"그런 건 없다."부터 시작해서 "성인이 되고 난 후 처음 만난 사람."
혹은 "현재의 시점에서 돌이켜 생각해 봤을 때 가장 사랑했던 사람."
심지어는 "육체의 사랑을 처음으로 접하게 해 주었던 사람."이라고
말하는 사람도 있었다. 일단 마지막 기준은 내 스타일은 아니다.

그렇다고 해서 또 '첫사랑'이란 것에 명확한 기준을 정해 놓고
"첫사랑의 기준은 무엇이다."라고 단정 지어 치부할 수도 없는 노릇이다.

그래서 난 '첫사랑'이란 것이 그만큼이나
참 아름답고 영롱하기까지 한 신비로운 존재 같다.

나는 한때 낭만적인 사람이 되고 싶었던 시절이 있었다.
그때 당시 스스로 생각했던 내 '첫사랑'의 기준은
'인생에 있어서 매 순간 만나게 되는 모든 연인'이었다.
그 이유는 내가 이 세상에 태어난 이후로 그 사람을 만나
사랑하게 된 것은 처음이기 때문에 매 순간 만나게 되는
모든 연인이 '첫사랑'이라는 기준을 세웠던 것이다.

하지만 이 기준은 내 머리가 말하는 '첫사랑'의 기준이었다.

시간이 지나고 보니, 진정 내 마음이 말하고 있던 '첫사랑'의 기준은

"시간이 흘러가면서는 '첫사랑'이라 느끼지 못했지만
아무리 긴 시간이 흘러도 잊히지 않는 단 한 사람."이었다.

'첫사랑'이란 그 모호함 속에서 유일하게 자신 있게 주장할 수 있는
명확한 한 가지의 내 주관적인 생각은 수많은 '첫사랑'의 기준 중에

'나이', 이 하나만큼은 속해 있지 않다는 것이다.

어떤 이가 유치원에 다닐 때 만난 연인을 '첫사랑'이라고 말한다면
그에겐 그 사람이 '첫사랑'이 되는 것이고,
어떤 이가 초등학교에 다닐 때 만난 연인을 '첫사랑'이라고 말한다면
그에겐 그 사람이 '첫사랑'이 되는 것이라고 생각한다.

'첫사랑'이란 아름답고 영롱하기까지 한 신비로운 존재라 생각하기에
가히 이 정도의 존중은 받아야 마땅하다고 생각한다.

이런 나에게도, 내가 말하는 기준의 '첫사랑'이 되는
"시간이 흘러가면서는 '첫사랑'이라 느끼지 못했지만 아무리
긴 시간이 흘러도 잊히지 않는 단 한 사람."인 '첫사랑'이 있다.

이 이야기는 내가 중학생일 때의 시절로 거슬러 올라간다.

별 특별한 과정은 없이 단순 친구의 소개로 만나 연인이 되었었다.
한 가지 특별한 점은 학창 시절의 나는 '문제아'였지만 그 사람은
'모범생 중 모범생'이었다. 성향 자체도 정반대가 아니라 '극'반대였다.
나는 틈만 나면 밖에 나가 친구들과 어울리는 소위 말하는 '떠돌이'였고
그 사람은 진짜 학교, 학원, 집밖에 모르는 소위 말하는 '집순이'였다
심지어는 데이트를 하기 위해 만나는 것조차도 귀찮아했을 정도의
'집순이'였기 때문에 그 사람의 집 앞에서 만나는 경우가 가장 많았다.

주변의 반응조차 "어쩌다가 저 둘이 만났을까?" 하고 의아해할 정도로
'모범생 중 모범생'과 '문제아 중 문제아'의 만남이었다.

그랬던 서로가 중학생 때 만나 고등학생으로 넘어갈 때까지 만났다.
헤어졌다 만났다를 수차례 반복했지만 4년이 넘는 시간을 함께했다.

30대가 넘어간 지금까지도 내가 가장 오랜 기간 만났던 사람이었다.

이 사람이 나에게 있어서
"시간이 흘러가면서는 '첫사랑'이라 느끼지 못했지만 아무리
긴 시간이 흘러도 잊히지 않는 단 한 사람." '첫사랑'이다.

심지어 지금껏 만나 왔던 수많은 연인 중 십수 년이 지난 지금까지도
유일하게 핸드폰 번호까지 기억하고 있는 사람이다.

'첫사랑' 이야기를 하다 보니 자연스레 이 사람 생각이 났고
이 사람을 생각하며 이 글을 써 내려가는 지금 내 감정 속에서
나만의 또 다른 '첫사랑'의 기준이 생긴 듯하다.

"흘러가는 시간 속 모든 게 변해 가는 이 야속하기만 한 현실 속에
제아무리 오랜 시간이 지났다고 한들 그때 다시 회상해 보아도
유일하게 변질되지 않은 채로 남아 줌으로써 내 인생에 있어 가장
아름답고 빛나는 시절을 선사해 준 사람으로 기억되는 사람."

나도 누군가에게 내가 생각하는 기준의 '첫사랑'인 사람으로 기억되어
아름답고 빛나는 시절을 선사해 줬던 사람으로
누군가의 기억 속에 남아 있었으면 좋겠다.

'첫사랑'

2025년 6월 14일 토요일, '평범함이라는 특별함'

나는 '평범한 미래'를 꿈꾼다.

믿거나 말거나지만 나는 살면서 단 한 번도 호화스러운 저택이라든지, 값비싼 외제 차에, 월급 빵빵한 직업을 지닌 이런 거창한 미래를 사는 나의 미래를 꿈꿔 본 적이 일절 없다.

원룸이든 빌라든 상관없다. 잠을 자는 데 큰 문제가 없는 나만의 공간, 그냥 굴러가는 제 기능만 잘하면 되는 차, 먹고사는 데만 지장 없는 평범한 직업을 지닌 이런 누가 봐도 지극히 평범한 미래를 꿈꾼다.

이런 미래를 꿈꿀 수 있는 데에는 내가 '물욕'이 없는 점도 한몫한다.

하지만 우리는 "평범하게 사는 게 가장 힘든 일인 거 같아."라는 말을 살면서 적지 않게 하기도 하고, 현실이 그렇다는 걸 지금 이 순간에도 굳이 말하지 않아도 여실히 느끼며 살아가고 있다.

이 '평범함'조차 쉽게 용납해 주지 않는, 그만큼이나 야속할 정도로 이 세상은 우리 속도 모르고 마냥 각박하게만 돌아간다.

그래서인지 언제부턴가 '평범함'이라는 것이 나에게 있어서는 '특별함'이라는 것으로 자연스레 변질되어 느껴지기 시작했다.

하지만 지극히 내 주관적인 생각에는 '평범함'과 '특별함'이란 것은 주어진 환경에 따라 상황에 따라 그 기준이 바뀐다고 생각한다.

위에 말한 집, 차, 직업 중에 직업으로 먼저 예시를 들어 얘기해 보자면
소위 우리가 말하는 직업명이 '사'로 끝나는 '사 자 직업' 중에는
판사, 검사, 의사 등등 '이 세상에 없어서는 안 될 사람들'로 각인되어
주변 가까이에서는 찾아보기 힘들 정도로, 느껴지는 체감상 누가 봐도
조금은 '특별함'을 지닌 분들이 있다.

하지만 일반적인 현장에서 근무하시는 현장직을 가진 분들이라든지
혹은 편의점 알바, 음식점 서빙 알바 등등 주변에서 흔하게 볼 수 있는
이렇게 누가 봐도 평범한 직업을 지닌 분들을 보고 우리는 그냥 단지
우리처럼 '평범함'을 지닌 분들일 뿐이지, '사 자 직업'을 지닌 분들처럼
'이 세상에 없어서는 안 될 사람 사람들'이라고 생각을 해 본 적도 없고
느껴지는 체감상 그렇게 느껴 본 적도 없을 것이다.

지금 이 글을 써 내려가면서 생각해 보니 정작 이 글을 쓰고 있는
나조차도 그렇게 생각해 본 적이 없는 것 같다.

그러나 이런 '평범함'을 지닌 분들도 주어진 환경에 따라 상황에 따라
한순간에 '특별함'을 지닌 분들로 바뀌어 버리는 순간도 존재한다.
문맥이 맞는지 모르겠지만 한마디로 주어진 환경에 따라 상황에 따라
'평범함'이 곧 '특별함'인 것이다.

조금은 극단적이지만 지극히 내 주관적인 생각으로 예를 들어 보자면
'사 자 직업'을 지닌 사람들로만 우글거리는 장소에서 '편의점 알바'가
유일하게 한 명 속해 있다면 그 상황에서 '사 자 직업'을 지닌 사람들은
서로가 서로를 '평범'하게 보겠지만 만약에 내가 '사 자 직업'을 지닌 사람 중

한 명이라면 나는 그 '편의점 알바'를 조금은 '특별'하게 볼 것 같다.

신기하고 안쓰러운 시선으로 보려나..?
크흠.. 아무튼 지극히 내 주관적인 생각이니까..

아니면 '사 자 직업'을 지닌 사람들로만 우글거리는 장소에서
'전기업체 현장직 종사자'가 유일하게 한 명 속해 있는 와중에
정말 갑작스레 그 장소에서 꽤나 복잡한 큰 정전이라도 났다면
그 정전을 유일하게 해결할 수 있는 '전기업체 현장직 종사자'가
'평범함'을 지닌 사람에서 '특별함'을 지닌 사람으로 한순간 변한다.

이렇게 주어진 환경에 따라 상황에 따라 '평범함'이 '특별함'으로
그리고 주어진 환경에 따라 상황에 따라 '특별함'이 '평범함'으로
언제든지 변할 수 있기 때문에 결국 '평범함'이 곧 '특별함'이고
'특별함'이 곧 '평범함'이라고 생각한다.

이런 예는 직업뿐만 아니라 경제력 같은 부분에서도 찾아볼 수 있다.
만약에 누가 봐도 값비싼 '외제 차' 동호회에 누가 봐도 흔히 볼 수 있는
평범한 '국산 차'이지만 자신만의 개성을 녹여 내 꾸민 차를 몰고 와서
짠 하고 그 장소에 나타난다면 그 수많은 값비싼 '외제 차'들 사이에서
그 흔한 '국산 차'가 특별해 보일 것이다.

이와 반대로 '특별함'이 곧 '평범함'이 되어 버리는 큰 예로는
우리가 현대 사회에서 흔히 접할 수 있는 TV 프로그램이나
유튜브 혹은 포털 사이트의 실리는 기사들만 봐도 알 수 있다.

주로 사람들의 이목을 끌기 위한 목적으로 주를 이루고 있는

자극적인 TV 프로그램과 자극적인 유튜브 콘텐츠 그리고
자극적인 포털사이트의 기사들, 이렇듯 자극적인 것만을 추구하는
현대 사회에 '자극적'이라는 '특별함'은 언젠가부터 우리에게
아무렇지도 않은 '평범함'으로 자리 잡았다.

그렇다 보니 오히려 자극적이지 않은 평범한 TV 프로그램이나
자극적이지 않은 평범한 유튜브 콘텐츠, 그리고 자극적이지 않은
평범한 포털사이트의 기사들이 오히려 특별해 보이는 경향이 있다.

이 세상에 '평범'하고 흔한 존재는 없다,
모든 존재가 '특별'하고 수치로 환산할 수 없을 만큼 값비싸다.

"내가 평범하면 특별한 하루가, 내가 특별하면 평범한 하루가 좋다."

이처럼 '평범함'과 '특별함'은 환경에 따라 상황에 따라 달라진다.

나는 평범하게 살고 싶다.
원룸이든 빌라든 상관없이 잠을 자는 데 큰 문제가 없는 나만의 공간,
그냥 굴러가는 제 기능만 잘 하면 되는 차, 먹고사는 데만 지장 없는
평범한 직업을 지닌 누가 봐도 지극히 평범한 그런 미래를 꿈꾼다.

이렇게 나는 '평범'하지만 동시에 '특별'한 사람이 되고 싶다.
이렇게 나는 '평범'하지만 동시에 '특별'한 미래를 꿈꾼다.

2025년 6월 15일 일요일, '패배감'

나는 실패나 패배를 두려워하지 않는다.
그러나 한 가지 모순점은 그 실패나 패배로 인해
몰려오는 '패배감'에 좌절하게 되는 나 자신이 두렵다.

실패나 패배로 인해 몰려오는 '패배감'은 나를 좌절하게 만들어
그렇지 않아도 우울증에 시달려 하루 종일 우울해하는 나를
더 깊숙한 우울함의 늪으로 빠져들게 만들기 때문에 '패배감'이 두렵다.

그러나 동시에 이게 또 나를 계속 움직이게 만드는 원동력이기도 하다.
나는 전날부터 내가 계획해 놓은 일정들을, 오늘 곧이곧대로 행동으로
옮기지 않으면 "오늘의 나에게 졌다."라는 '패배감'에 휩싸이게 돼 버려
한없이 우울해질 나를 잘 알기에 내가 전날부터 계획해 놓은 일정들을
어떻게 해서든 오늘 곧이곧대로 행동으로 옮긴다.

또한 이 점이 내가 지금까지도 운동을 놓지 않고 10년이라는 기간을
꾸준하게 해 올 수 있던 가장 큰 이유이기도 하다.

과거 트레이너 시절, 당시 시합 준비를 하던 때가 있었다.
확실히 건강이 안 좋아지는 것이 몸소 느껴지는 행위를
억지로 지속하여 응급실과 병원은 숱하게 드나들었다.

그렇게 여느 때와 같이 시합 준비를 하고 있던 어느 주말 아침
아침에 눈을 뜨자마자 혼자서 일어나는 것조차 못 할 정도의

이유 모를 복통에 시달려 당시 같이 자고 있던 친구의 도움으로
근처 대학 병원의 응급실에 가게 되었다.

응급실에 도착하자 심장 박동 수가 정상 수치보다 2배 이상 올라가
온몸에 식은땀이 뻘뻘 흘러 간호사분들이 나의 상의를 탈의시켜
식은땀을 닦아 내고 의사 선생님께서 마약 성분의 약물을 투여해
심장 박동 수와 복통을 가라앉혀 주셨다.

그렇게 링거를 꽂은 채로 응급실에만 8시간을 넘게 있었다.

검사 결과,
복통으로 호소하던 통증은 복통이 아닌 심장의 통증이라고 하셨다.
그러는 와중에도 난 내 팔에 꽂혀 있는 링거의 수액만을 바라보며
'저 수액도 칼로리가 있을까..' 하는 이런 미련한 걱정을 하고 있었다.

그리고 그것도 모자라 이제 좀 정신이 돌아온 나는 의사 선생님께
"시합 준비는 계속할 수 있는 거죠?"라며 침상에 누워 질문을 던졌다.
이 질문에 의사 선생님께서 하신 대답에 그제야 나는 덜컥 겁이 났다.
의사 선생님께서는 어처구니없다는 표정으로 "젊으시니까 아득바득
응급실에 기어 오신 거지, 안 그러셨으면 진짜 죽으셨을 수도 있어요."

의사 선생님의 너무나 직설적인 표현에 나는 공포심을 이기지 못하고
'이건 시합 준비를 중단하는 것이 현명한 선택이다.'라는 결론을 내렸다.

그렇게 시합 준비를 '포기'한 게 아닌 '중단'하게 된 것임에도 불구하고
나는 '패배감'이라는 좌절에 휩싸여 한없이 우울해져만 갔다.

그렇게 나는 결국 트레이너 일까지 스스로 그만두게 되었다.

이 시합 준비를 하던 당시 핸드폰 메모장에 내 의지를 담아
핸드폰의 배경 화면으로까지 해 놨던 내용의 글이 있다.

"포기할 바엔 차라리 쓰러지자. 버티든지 아니면, 쓰러지든지."

이때의 나에겐 쓰러지거나 버티거나 이 두 가지 선택지만 존재했을 뿐
'포기'라는 제3의 선택지는 존재하지 않았다.

그만큼 나에겐 그 무엇보다 두려운 '패배감'이란 것에서 맛보는 감정은
누군가 송곳으로 내 심장을 후벼 파는 것처럼 쓰리다.

이제는 이유를 막론하고 '패배감'에 빠져 좌절하여 지금보다 더 깊숙한
우울함의 늪으로 빠져드는 일은 두 번 다신 경험하고 싶지 않다.

인생의 새로운 꿈과 목표가 새싹 되어 피어올라 만개를 준비하는 지금
이렇게 다시 한번 내 인생에 있어서 '포기'라는 제3의 선택지는 없다.

이렇게 다시 한번 "포기할 바엔 차라리 쓰러지자. 버티든지 아니면."

"쓰러지든지."

2025년 6월 16일 월요일,
'혜○○ 누나'

내겐 친누나와도 '같은' 누나가 한 명 있다.

간혹 "친누나면 친누나고 친형이면 친형이지, '같은'은 뭐냐."라며
본인은 그런 형식적인 사이는 안 믿는다고 연신 비아냥거리며
얘기하는 이런 삐딱한 사상을 가진 사람들을 볼 수 있다.

나는 이렇게 얘기하는 사람들은 본인 주변에 그런 사람이
존재하지 않기 때문에 저렇게 얘기하는 것이라 생각한다.

나는 이런 사람들을, 상대가 여러 명이 아닌 단 한 명일지라도
누군가와의 대인 관계에 있어서 느낄 수 있는 감정이 풍요롭지 못해
저런 친밀한 사이의 인연을 만들지 못하는 불쌍한 사람들로 여긴다.

남들이 뭐라고 생각하든지 나에게는 친누나와도 '같은' 누나가 있다.

"혜○○ 누나"

내 나이 30대가 넘어간 지금 어느덧 혜○○ 누나와 나는 12년 지기다.

나는 현실적인 조언이 필요할 때나 진심 어린 위로를 받고 싶을 때면
다른 사람들은 생각조차 나지 않는다.. 그래서 고민할 것도 없이 곧장
혜○○ 누나에게 전화를 건다. 그 이유는,

핸드폰 너머 혜○○ 누나의 목소리를 듣고 있노라면 마음이 차분해지고

거센 파도만이 휘몰아치던 나의 감정선은 이내 한결 잔잔해진다.

이런 혜○○ 누나에게는 내가 가지지 못한 또 내가 가지고 싶어 하는,
그래서 내가 부러워할 수밖에 없는 몇 가지의 능력이 있다.

첫 번째로 '차분한 말투', 혜○○ 누나에게 내가 어떠한 이야기를 했을 때
내가 설령 분노에 가득 차 조금은 격앙되어 있는 상태로 이야기를 해도
혜○○ 누나는 항상 차분한 말투를 유지해 내가 한결 차분해질 수 있게
만드는 능력을 지니고 있다.

두 번째는 '억양'이다. 내가 힘든 일이 있어 형식적인 조언이나
형식적인 위로가 아닌 현실적인 조언이나 진심 어린 위로를 받고 싶어
혜○○ 누나에게 전화를 할 때면 누나가 해 주는 조언과 위로가 비록
다른 사람들도 많이 해 주는 형식적인 조언과 형식적인 위로일지라도
누나가 해 주면 진심으로 다가와 그 형식적인 조언과 형식적인 위로가
단순 억양 하나로 한순간에 현실적인 조언과 진심 어린 위로로 변한다.
말하는 사람의 목소리 높낮이에 따라서 상대방에게 전달될 수 있는
진심의 정도가 달라질 수 있다는 것을 혜○○ 누나를 통해서 배웠다.

세 번째, 수많은 사람 중에는 상대방의 입장은 생각하지도 않고
일단 말 먼저 뱉고 보는 이런 배려심이 없는 인간들이 간혹 있다.
하지만 그만큼 상대방의 입장을 먼저 '생각하고 나서'야 말하는 것은
힘든 일이긴 하다. 하지만 혜○○ 누나는 상대방의 입장을 먼저 우선시
'생각하면서' 이와 동시에 말할 수 있는 능력을 지니고 있는 것 같다.
혜○○ 누나와 대화를 나누다 보면 혜○○ 누나는 말을 하고 있으면서도

어떻게 이야기를 해 줘야 상대방이 상처를 받지 않을 수 있을까.

혹은 어떻게 이야기를 해 줘야 상대방에게 현실적으로 도움이 될까. 어떤 위로를 해 줘야 상대방에게 진심으로 위로가 되어 줄 수 있을까.

이와 같은 상대방의 입장을 배려하기 위한 생각들을 우선시하면서 동시에 언어 선택과 문장 선택까지 신중하게 생각하고 선택해 가며 조심스럽게 말하고 있다는 것이 여실히 느껴진다.

네 번째는 '공감 능력', 혜○○ 누나는 상대방 입장을 '생각해서'가 아닌 감정 이입을 통해 본인이 비로소 상대방의 입장이 '되어서' 공감해 주고 위로해 주며 상대방의 마음을 헤아려 줄 수 있는 능력이 있는 것만 같다.

내가 상대방의 입장을 '생각해서'와 상대방의 입장이 '되어서'는 흔히들 하늘과 땅 차이라고 이야기한다. 말 그대로 천지 차이다. 솔직히 여간 바보가 아닌 이상 상대방의 입장을 '생각해서'와 상대방의 입장이 '되어서' 상대방의 마음을 공감해 줄 수 있는 이 차이는, 상대방의 마음을 공감해 줄 수 있는 공감의 정도가 확연히 다를 것이라는 건 굳이 설명하지 않아도 누구나 다 알 것이다.

지금 이 글을 써 내려가며, 과거에 누군가가 나에게 현실적인 조언이나 진심 어린 위로를 받고 싶어 하소연하던 때를 회상하며 '그때 당시의 나는 상대방의 마음을 충분히 공감해 주고 위로해 주며 헤아려 줬는가.'를 생각해 보면 그때의 난 그렇게 해 주지 못했던 것 같다.

공감 능력을 굳이 수치화시켜 그 공감 정도를 수치로 나타내 보자면 최대 공감 능력이 100이라고 가정했을 때 50도 채 안 되었던 것 같다.

하지만 내가 혜○○ 누나에게 현실적인 조언이나 진심 어린 위로를

받고 싶어 하소연을 하게 될 때면, 나에게 몸소 체감되어 느껴지는
혜○○ 누나의 공감 능력 수치는 80에서 90 사이를 웃돈다.

마지막으로 내가 가장 닮고 싶은 다섯 번째, 혜○○ 누나가 말하는
모든 말에는 항상 '진심'이라고 하는 '영혼'이 깃들어 담겨 있다.
많은 사람에게 고민을 이야기하거나 힘든 일을 이야기하면
형식적인 조언들과 위로들만 뱉어 내기 바쁘다. 그럴 수 있다.
아니 이조차도 진심으로 감사하다. 하지만 '진심'이라고 하는
'영혼'이 깃들어 있음은 일절 느껴지지 않는다.

본인의 시간을 투자해 나의 하소연을 들어 주고 있는 것 자체에 이미
진심으로 감사도 하지만 나도 사람인지라 솔직하게 이럴 때면 난
이런 나 자신이 싫지만 '내가 지금 벽에 대고 하소연을 하고 있구나..'
라는 생각도 들어 허탈해지기는 하더라.

하지만 혜○○ 누나는 그 형식적인 조언들과 형식적인 위로들에도
'진심'이라는 '영혼'이 깃들어 담겨 있다는 것이 나에게 느껴진다.

이렇듯 혜○○ 누나에겐 사람의 마음을 움직이게 만드는 힘이 있다.

본인의 시간과 감정을 투자해 누군가의 하소연을 들어 주는 것도
지속되면 이만한 '심적 고문'이 또 없을 것이다.

그럼에도 불구하고 언제든지 연락하면 항상 '진심' 어린 마음으로
늘 변함없이 나의 하소연을 들어 주는 혜○○ 누나에게 늘 고맙고,
내 곁에 이런 사람이 있다는 사실에, 이 또한 하늘에 감사하다.

닮고 싶은 사람이 있으면 그 사람을 모방하여 흉내라도 내라고 했다.
이 연습이 지속되면 본인도 모르는 새 닮아 간다고.

나는 '말'로써 누군가의 마음을 공감하고 헤아려 줄 수 있는
또한 '글'로써 누군가의 마음을 공감하고 헤아려 줄 수 있는
그 누군가에게 이런 존재가 되고 싶은 사람이다.

그렇기에 나는 혜○○ 누나의 말투, 억양, 배려심, 공감 능력, 그리고

항상 '진심'이라는 '영혼'이 깃들어 담겨 있는 '혜○○ 누나'라는
한 명의 '아름다운 영혼'을 흉내라도 내기 위해 노력해야겠다.

30대가 넘어간 지금도 내 주변에는 아직도 철없이 본인 주변에
아는 누나나 이성 친구나 혹은 아는 여자 동생들이 많은 사람을
부러움의 시선으로 바라보고 실제로 부러워하는 사람들이 있다.

나는 지금 이 시점에 무언가에 고민하고 힘들어하고 있는 많은 사람이
염두에 두고 있었으면 하는 바람이 하나 있다.

본인이 무언가에 고민하고 힘들어하고 있을 여느 때

본인 주변에 어쭙잖은 아는 누나들 '열 명'을 두고 있는 것보다,
본인 주위에 같잖은 이성 친구들 '스무 명'을 두고 있는 것보다,
본인 곁에 철딱서니 없는 아는 여자 동생들 '서른 명'을 두고 있는 것보다,

'진심'이라는 아름다운 '영혼'이 깃들어 있는 사람 비로소 그 '한 명'이
본인 곁을 항상 맴돌아 주고 있을 때 누구보다 더 큰 힘이 되어 줄 것이고

그 누구보다 진심으로 위로가 되어 줄 것이라는 사실을.

그래서 나는 이런 '진심'이라는 아름다운 '영혼'이 깃든
'아름다운 영혼' 혜○○ 누나 같은 사람이 항상 내 주변에 있기에

본인 주변에 어쭙잖은 아는 누나들 '열 명'을 두고 있는 사람들,
본인 주위에 같잖은 이성 친구들 '스무 명'을 두고 있는 사람들,
본인 곁에 철딱서니 없는 아는 여자 동생들 '서른 명'을 두고 있는 사람들,
이런 사람들이 일말의 거짓 없이 진심으로 조금도 부럽지 않더라.

이렇게 항상 언제나 변함없이 내 곁을 '진심'으로 맴돌고 있어 주어서,

"그래서 늘 고마워, 누나."

2025년 6월 17일 화요일, '아픔을 작품으로'

연인과 이별을 한 지 어느덧 두 달이 다 되어 간다.
많이 괜찮아진 것 같다. 아니, 이제 거의 아무렇지도 않은 것 같다.
이제 이별이라 하는 '시련'의 아픔은 나의 이면에 있는 듯 없는 듯
서늘한 바람에 유유히 흘러가는 냇물처럼 잔잔하게만 남아 있을 뿐
제아무리 이별이라는 '시련'이었다고 한들 언제나 그러했듯
결국, 고작 '시간이 약'이었던 것에 지나지 않는 아픔이었나 보다.

하지만 이와는 별개로 내 하루는 항상 '우울함'으로의 회귀이다.

우울증으로 인해 하루 종일 '우울함'이라는 무한의 굴레에 빠져
즐거운 일을 찾아보려 해도, 무언가에 집중하여 잊어 보려 해도
애써 힘들게 돌고 돌아 도달하게 되는 나의 끝자락은 늘 언제나
마치 누가 정해 놓기라도 한 듯한 '우울함'이라는 나의 제자리이다.

우울증, '마음의 감기'라고도 한다. 그래서 난 늘 마음이 아프다.

우울증을 앓고 있는 사람이라면 혼자 있는 시간은 최대한 줄이고,
가능하면 여러 사람과 어울리려고 노력해야 한다.

하지만 난 아이러니하게도 혼자만의 고독을 즐긴다.

'고독'

"세상에 홀로 떨어져 있는 듯이 매우 외롭고 쓸쓸함."

고독의 뜻을 앞에 두고 생각해 보니 우울함과 고독은 한 끗 차이다.
사람이라면 "세상에 홀로 떨어져 있는 듯이 외롭고 쓸쓸함."과 같은
감정을 느끼는 순간 누구나 우울해지기 마련일 것이다.

그런데 그런 '고독'을 즐기는 나에게 내가 가지고 있는 '우울함'이
자연스레 스며들어 가게 할 수만 있다면 어떨까.

"세상에 홀로 떨어져 있는 듯이 외롭고 쓸쓸함."이 아닌 자연스레
"세상에 홀로 떨어져 있는 듯이 외롭고 우울함."으로 될 수 있게끔,

이렇게 직접 적어 놓고 보니 더더욱 전혀 이질감이 느껴지지 않는다

어렵겠지만, 내가 가지고 있는 이 '우울함'이 내가 즐기는 '고독'에
자연스레 스며들어 갈 수 있게 내 마음의 길만 터 주면 되는 문제 같다.

'우울한 고독', 이마저도 즐길 줄 아는 사람,
이보다 더 멋있고 어른스러운 존재가 이 세상에 또 있을까.

나는 내 인생의 희로애락을 담은 '자서전'을 한번 내 보는 목표가 있다.
연인과 이별을 한 이후로 거의 하루도 빠짐없이 줄곧 일기를 써 내려왔다.
이는, 지금껏 써 내려온 일기가 어느덧 60개에 육박할 것이란 뜻이다.
이렇게 하나하나 차곡차곡 쌓아 가 나만의 '자서전'을 한번 내 보고 싶다.

나는 책도 곧 수많은 '예술 작품' 중 하나라고 생각하는 사람이고
그렇기에 책을 쓰는 저자도 한 명의 '예술가'라고 생각하는 사람이다.

나도 내 인생의 희로애락을 담은 '예술 작품'을 하나 만들어 내어
살면서 한 번쯤은 또 다른 한 명의 '예술가'로서 거듭나 보고 싶다.

설령 '자서전'이라는 책을 내 보는 목표를 실현시키지는 못하더라도
책을 내 보기 위해 출판사를 찾아가는, 나의 새로운 도전이 담겨 있는
그 당찬 발걸음이 닿는 모든 길엔, 오직 설렘만으로 가득할 것 같다.
그 설렘으로 가득할 날이 하루빨리 왔으면 좋겠다.

이와 동시에

'이별의 시련'을 '예술'로
'절망의 위기'는 '기회'로

'우울함의 아픔'은 '작품'으로 승화시켜 담아냄으로써

항상 시련, 위기, 아픔들을 상대로 마냥 어리숙하기만 했던 내가
그래도 조금은 '성숙한 어른'으로 거듭난 체감 또한 될 것 같다.

이렇게 글을 써 내려가다 보니 어릴 적 초등학생도 안 됐을 때 읽었던
책이라 내용은 전혀 기억하지 못하지만 문득 그 책의 제목이 떠오른다.

"우리도 어른이 된다."

2025년 6월 18일 수요일,
'의리'

'의리'라는 것에는 여러 가지의 뜻이 존재하지만
우리에게 가장 익숙한 뜻 '남남끼리 혈족 관계를 맺는 일'이라는
뜻을 가진 '의리'에 대해서 "의리란 무엇일까?"를 생각해 보았다.

'의리'만큼이나 추상적인 것도 없는 것 같다.

눈으로 직접 확인할 수 있는 길이 없어 상대방을 무조건적으로
믿는 것밖에는 달리 확인할 수 있는 방법이 그 무엇도 없기 때문에
'의리'란 개인적으로 그만큼이나 추상적인 존재라고 생각한다.

하지만..

무조건적으로 상대방을 믿기엔 사람이란 존재는 너무 무서운걸..?

눈으로 직접 확인할 수 있는 방법이 없는 '의리'이기에 상대방을 향한

무조건적인 믿음으로 누군가를 믿다가 큰 상처를 받는 일이 적지 않다.

'사랑'도 마찬가지라고 생각한다, 남녀 간의 사랑도 결국에는
서로에 대한 믿음에서부터 비롯되는 것이라고 생각하기 때문이다.

그래서 '사랑' 또한 마찬가지로 무조건적으로 연인을 믿다가
사랑하는 연인에게 배신을 당해 큰 상처를 받는 일들이 종종 일어난다.

수많은 사람이 살면서 한 번쯤은 경험해 봤을 것이라고 생각한다.

이렇게 써 놓고 보니 '사랑'과 '의리'는 이러한 점에서 참 닮은 것 같다.

이렇게 '사랑'과 '의리' 그리고 '믿음'과 '배신'은 필연적인 듯한
'악'의 연결 고리를 가진 전생의 원수지간들인 것만 같다.

이런 관점에서 바라보면 참 '믿음'만큼 무서운 존재는 없는 것 같다.

하지만 우리에게 '의리'는 서로 간의 무조건적인 믿음이 존재해야만
그제야 비로소 완전한 뜻의 '의리'로 태어나 방점을 찍는다.

오늘 하루 종일 운전을 할 때도, 운동을 할 때도, 일을 할 때도
하루 종일을 "의리란 무엇일까?"에 대해 운전, 운동, 일까지
그 무엇 하나에도 집중을 못 할 정도로 심도 있게 고찰해 보았다.
그만큼 진짜 지금까지 써 내려온 일기 중에 가장 어려운 주제였다.

많은 사람의 뇌리에 박혀 있는 '형식적인 의리'들이 몇 가지 있다.

내가 기쁠 때 같이 기뻐해 주는 거?
내가 슬플 때 같이 슬퍼해 주는 거?
내가 힘들 때 옆에 함께 있어 주는 거?
나한테 무슨 일이 있으면 바로 달려와 주는 거?
내가 욕하고 싶은 사람을 같이 욕해 주는 거?

내가 누군가와 싸울 때 같이 싸워 주는 거?

글쎄.. 엄정한 느낌의 '의리'에 저런 것들은 좀 다소 가벼워 보이지 않나?
또한 개인적인 생각엔 위에 말한 저 정도는 본인을 '의리 있는 사람'
으로 치장하기 위해서라면 언제든지, 어디서든지, 그게 몇 번이든지
눈 한 번 딱 감고 누구나 할 수 있는 그런 일들이지 않을까?

내가 하루 종일 나름 심도 있게 고찰해 보고 내린 "의리란 무엇일까?"
에 대한 결론은 하루 종일을 이것만 생각했던 것에 비해서는
다소 허무해 보이는 결론일 수도 있겠지만 그래도 한번 얘기해 보겠다.

"서로 간의 오가는 감정에서 느껴지는 감정들이 진심이라는 걸
구태여 말하지 않아도 둘 모두가 교감하는 것."

하루 종일 생각해 보아도 이 결론 단 하나밖에 생각나지 않았다.

그래서 나는 상대방으로부터 전해지는 나를 향한 감정이
'진심'으로 느껴지는 상대를 '의리 있는 사람'으로 칭하게 되는 것 같다.

하지만 내가 말하는 이 '교감' 또한 '믿음'과 마찬가지로
눈으로 직접 확인할 길이 없는 추상적인 존재이기 때문에

본인이 언제든지 배신당할 수 있는 위험은 스스로 감수해야 하고
아무리 상대방으로부터 전해져 오는 나를 향한 감정이 '진심'이라
느껴진다고 한들 사람 일은 앞으로 어떻게 흘러갈지
한 치 앞도, 그 누구도 모르는 것이기 때문에 그게 언제라도 항시
'상처받을 수 있는 용기'는 필수로 지니고 있어야 한다고 생각한다.

갑자기 뜬금없는 이야기지만 나도 책을 보고 알게 된 사실이 하나 있다.

미국 샌디에이고 캘리포니아대 네드 사힌 박사와 하버드대 연구진이

"뇌가 말하는 데 걸리는 평균 시간은 얼마일까."에 대해 연구해 본 결과
사람의 뇌는 외부의 자극에 반응하여 무언가를 생각하고 그 생각이
말로 바뀌는 데까지 걸리는 시간은 단 0.6초라는 연구 결과가 있다.

그런 의미로 갑자기 많은 사람에게 한 가지의 질문을 던져 보고 싶다.

"서로 간의 오가는 감정에서 느껴지는 감정들이 진심이라는 걸
구태여 말하지 않아도 둘 모두가 교감하는 것."을 지닌 사이라면
서로를 향한 감정이 '진심'이라고 굳건하게 믿고 있는 진정으로
그 정도의 사이라면 위에 말한 그 0.6초 사이에 본인이 생각하는
그 상대방의 이름을 입 밖으로 거론할 수 있지 않을까요?

생각하고 '말'까지 하는 시간이 0.6초인 것이니 '생각'만 하는 것은
더 짧은 시간일 것이고, 그래도 인심 써서 '말'하는 시간까지도 빼고
드리는 시간 또한 0.6초는 너무 야박하니 1초 드려 볼게요.

지금부터 시작할 거예요. 시작.

.

.

.

1

"지금 머릿속에 생각나는 사람이 몇이나 있나요?"

2025년 6월 19일 목요일,
'멍 그리고, 멍'

나는 한곳만을 뚫어지게 쳐다보며 멍 때리는 것을 좋아한다.
자연이 배경인 곳을 바라보며 멍 때리는 것을 좋아하는데
그중에서도 특히 물가를 바라보면서 멍 때리는 것을 좋아한다.

지금 내가 현재 살고 있는 집에서 차로 10분도 채 안 되는 거리에
카페 바로 앞이 강물이 흐르는 절경으로 이루어져 있어
내가 가장 자주 찾는 카페인 「삼락 쉼터」라는 무인 카페가 있다.

이 글을 써 내려가는 지금 이 순간에도 이곳에 와 있다.

멍을 때리면서 생각 정리도 많이 하지만 가장 많이 하게 되는 생각은
보통, 오늘 하루는 나에게 어떠했는지, 지금 내 기분은 어떠한지 같은
주로 '나'의 오늘이나 감정에 관한 생각들에 잠기곤 한다.

물론 그렇다고 해서 멍 때리는 것을 마냥 좋아하는 것은 아니다.
멍을 때리면서 오히려 생각이 더 복잡해질 때도 간혹 있기 때문에
괴로울 때도 있다. 하지만 보통 이런 순간은 아주 잠깐 그러고 만다.
아주 잠깐 그러고는 이내 마음이 다시 평온해지는 편이기도 하고
보통 일반적으로는 멍 때리면서 마음이 평온해지는 순간이 비교적
훨씬 더 많기 때문에 멍 때리는 것을 그만큼 즐겨하고 좋아한다. 하지만

멍 때리는 것을 좋아하는 나에겐 내가 싫어하는 또 하나의 멍이 있다.

'마음의 멍'

원인도 모르는 이유로 항상 마음이 너무 아프다. 너무 야속하다.

만일 사람의 가슴에 지퍼가 달려 그 지퍼가 달린 가슴을 열어 본다면
사람 가슴 안의 내부는 당연히 온통 불그스름할 것이지만
만일 내 가슴을 열어 본다면
내 가슴 안의 내부는 온통 멍으로 물들어 온통 푸르스름할 것만 같다.

나는 운동을 하는 도중 무거운 쇳덩이에 내 피부가 짓눌리게 되어
내 신체 중 일부분에 피멍이 드는 경우가 생각보다 꽤 자주 생긴다.
하지만 나는 개의치 않고 내 신체 중 일부분에 피멍을 들게 했던
그 운동을 다시 하는 날이 다가오면 그날도 어김없이 똑같이 한다.

나는 이와 비슷하게 원인도 모르는 이유로 항상 마음이 아파 와도
인생을 살아가는 것 또한 개의치 않고 어김없이 똑같이 살아간다.

그렇게 언젠가 온통 멍으로 물들어 푸르스름했던 내 가슴 안의 내부가
멍이 들고 또 멍이 들다 못해 곪아 터져 피멍으로 물들어 갈 때쯤이면
결국엔 내 가슴 안의 내부도 다른 사람들처럼 불그스름해질 터이니.

내 신체 중 일부분을 피멍에 들게 했던 그 운동을 다시 하는 날이 와도
또 피멍이 든다고 한들 기어이 그 운동을 또 해내고야 마는 의지처럼

중요한 건 온통 멍으로 물들어 푸르스름해진 마음이 아닌,
곪아 터져 온통 피멍으로 물들어 불그스름해진 마음이 아닌,
어떻게든 '열심히' 살아가 보고자 하는 그 사람의 의지일 테니.

2025년 6월 20일 금요일,
'나처럼 혹은 나보다 더 힘들어하는 사람들에게
전하고 싶은 나의 바람'

하루하루가 우울하다든지 무기력하다든지 혹은 내가 무얼 해야 할지 막막해하는 그런 사람들에게 제가 감히 전하고 싶은 메시지가 있어요.

제가 느꼈던 감정들의 경험들을 토대로 말씀드리는 부분이라 당연히 이 점이 모든 사람에게 적용되는 것이라고 말씀드리진 못하겠으나 그래도 이 방법이 적용되는 사람이 세상 단 한 명도 없을 것이란 법도, 이 방법은 본인에게 무조건 틀린 방법일 것이란 법도 또한 없을뿐더러 해 보기 전까진 사람 일은 어떻게 될 지 한 치 앞도 모르는 법이니까요.

그리고 그냥 "이 사람은 이랬구나~" 정도로만 읽어 보셔도 저는 좋아요.

가장 먼저 전해 드리고 싶은 말은 '내가 가장 좋아하는 일이 무엇인가.'에 대해 따로 시간을 빼서라도 꼭 한 번쯤은 생각해 보셨으면 좋겠어요. 생각나는 분들도 계실 것이고, 아무 생각도 나지 않는 분들도 계실 테죠.

제가 이 말씀을 드리는 이유는 하루하루를 너무 우울해하시는 분들의 하루 24시간 중에 우울해하는 시간이 24시간 모두라고 가정해 보고 본인이 좋아하는 일을 찾고, 그 일에 집중하는 시간이 총 '2시간'이라고 가정한다면 그 2시간 중 아주 잠깐이라도, 단 30분이라도, 단 1시간이라도 우울해하던 그 감정을 잠깐은 잊으실 수 있을 거예요. 저는 그랬거든요.

반대로 무기력해서 아무 생각도 안 난다고 하시는 분들은 다양한 걸 한번 해 보세요. 그러면 생각지도 못했던 곳에서 본인의 흥미가 생겨서 좋아하게 될 수도 있어요! 저도 제가 인생을 살면서 독서와 글쓰기를 좋아하게 될 것이라고는 상상조차 못 해 봤거든요.

그다음으로 전해 드리고 싶은 말은 좋아하는 일을 찾게 되었다면 그 일에 관련된 목표를 하나 만들었으면 좋겠어요. 그렇지 않아도 무기력해서 힘드시겠지만 속는 셈 치고 한 번만 좋아하게 된 일로 목표를 정하고 그 정한 목표와 관련된 일에 집중하게 될 때면 위에 말씀드렸던 것처럼 다시 되풀이되듯 그 집중하는 시간 중에 아주 잠깐이라도 우울해하던 감정이 잊힐 것이라고 생각하고 또 무기력하던 분들은 흥미가 붙어 무언가 열심히 하게 될 수도 있어요!

그리고 꼭 거창한 게 아니어도 돼요! 좋아하는 일이 카페에 다니는 일이 될 수도 있고, 아니면 저처럼 독서나 글쓰기가 될 수도 있는 거구요! 누군가에겐 게임이 될 수도 있고 그게 무엇이든 상관없어요!

뭐 흔히들 많이 하는 몸을 만들어 바디 프로필 같은 촬영을 목표로 잡고 도전해 볼 수도 있는 거긴 한데 이건 개인적으로는 추천해 드리진 않아요. 보통 바디 프로필 촬영은 다이어트가 필수인데 우리 몸은 체지방이 감소하면 감소할수록 우울증의 호르몬 수치가 증가한다고 알고 있어요. 하지만 하루하루를 우울해하시는 분들이 아니라면 살면서 '한 번쯤은' 추천해요. 하지만 제가 강조하고 싶은 부분은 딱 '한 번쯤은'이에요! 저도 여러 번 해 봤지만 사실 이게 건강에 그리 좋은 행위는 못되거든요.

뭐 예시를 들어 드린 것뿐이지, 바디 프로필은 바디 프로필이고 여하튼 카페를 돌아다니는 것, 게임을 하는 것으로 무슨 목표를 잡겠냐구요?

그 생각만 해 보는 시간을 따로 빼서라도 생각해 보면 뭐든 하나쯤은 나오더라구요. 독서와 글쓰기를 좋아하게 된 제가 '책을 내 보고 싶다.' 라는 목표가 생긴 것처럼, '강박증'으로 인해 지금의 몸을 어떻게든 유지하고자 하는 강박이 있어 이를 장점으로 활용해 보자는 생각으로 시간이 얼마나 걸려도, 몇 년이 걸려도 좋으니 '살면서 단 한 번이라도 피팅 모델로서 촬영해 보고 싶다.'라는 목표가 생긴 것처럼요.

하늘이 무너져도 솟아날 구멍이 하나쯤은 나온다는데, 그리고 또 하늘이 무너진 것과 같은 천지개벽이 실제로 일어난 것도 아닌데! 마음먹고 생각해 보면 고작 우리의 목표 하나가 안 나오겠어요?

그리고 이건 수익이 창출되든 안 되든 상관없는 저에게는 해당되지 않는 이야기긴 하지만 꼭 수익이 창출되어야 하는 목표여야지만 목표라고 이야기할 수 있는 건가요?

수익이 창출되는 목표가 아니어도 좋고! 수익까지 창출될 수 있는 목표라면 더 좋고! 그냥 이거 아니겠어요?

수익이 창출되기를 바라시는 분이라면 수익이 창출될 수 있는 방법도 위에서 말씀드렸다시피 이 부분 또한 생각해 볼 시간을 따로 빼서라도 생각해 보면 분명히 하나쯤은 나온다고 믿어 의심치 않아요.

제가 게임을 지나치게 좋아하는 친구한테 실제로 했던 얘기가 있어요. "네가 게임을 그렇게 좋아하면 게임으로 할 수 있는 일을 한번 찾아봐." 라구요. 비록 그 친구는 제가 했던 얘기를 실제로 행하지는 않았지만 이건 그 친구만 놓고 보았을 때 이야기지, 실제로 있었어요. 주변에!

본인이 좋아하는 게임으로 무려 수익까지 창출해 내는 사람!

이렇듯 저는 찾고자 한다면 하나쯤은 분명히 나올 것이라 생각해요.
단지 우리가 그냥 이런 생각을 진지하게 해 본 적이 없었을 뿐!

저는 이런 생각을 친누나와 최측근에 있는 사람들에게
물어보고 상의해 가면서까지 방법을 찾았거든요.

우울하다든지 무기력하다든지 막막한 와중에 무언가 목표를 잡고
실행하기란 참 쉽지가 않죠. 그래도 해야죠. 죽을 때까지 이렇게만
살 수는 없잖아요. 유통기한이 뻔히 적혀 있는 음식을 앞에 두고
유통기한이 지날 때까지 바라만 보다가 그대로 버리실 거예요?
아까워서라도 그 자리에서 드시든지 뭐라도 요리해서 드실 거잖아요!

우리의 삶도 무한하지 않고 유한하단 말이에요.
아까워서라도 뭐라도 해야죠, 안 그래요?

개인적으로 수익이 창출되느냐 마느냐는 중요하지 않다고 생각해요.
그보다 더 중요한 것은 '내가 무언가를 행하고 있다.'라는 이 사실이,
'내가 어딘가를 향해 나아가고 있다.'라는 이 현실이 중요하다고 생각해요!

'인간 만사 새옹지마'라는 말이 있어요.

당연히 매번 좋은 일만 있을 수는 없어요. 어떻게 그래요. 그런데,
이 말은 곧 나쁜 일만 있을 수도 없다는 말이잖아요!
안 찾으려고 해서, 관심을 안 가져 봐서, 그래서 우리가 몰라서 그렇지

분명히 있어요, 좋은 날. 그러니까

"힘내 봐요, 우리."

- 힘들어하고 있는 '나'로부터 나보다 더 힘들어하고 있을 '누군가에게' -

2025년 6월 21일 토요일,
'장마'

오늘은 비가 내린다. 장마가 시작되었기 때문이다.

난 이따금씩 비가 내릴 때면 햇빛의 중요성을 다시 한번 느끼곤 한다.

햇빛을 통한 광합성은 '세로토닌'이라는 신경전달물질을 합성하고
우울증은 이 세로토닌의 양이 부족할 때 생기기 때문에 '우울증'에 있어
중요한 요소 중 하나인데 비가 내릴 때면 보통 햇빛을 볼 수 없기 때문에
실제로 비가 내릴 때면 더 우울해지는 감정을 느낀다.

'우울증'으로 정신 질환 약을 복용하기 시작한 이후로 지겨울 만큼
들어 왔던 내용이라 이제 내 의지와는 상관없이 외워 버린 내용이다.

생각해 보니 화창한 날씨에 내리는 여우비가 내릴 때면 비는 내려도
햇빛은 볼 수가 있기에 더 우울해지는 감정을 느껴 본 적 없는 거 같다.

햇빛, 정말 소중하구나.

오늘처럼 비가 오는 날이면 귓가에 울리는 추적추적 빗소리에
보통 사람들은 삼겹살에 소주 한잔을 기울일 생각을 한다거나
파전에 막걸리 한잔을 들이켤 생각을 하겠지만, 나에게는

단지 내 감정을 고요히 찢어 가는 소리에 불과할 뿐이다.

'장마'

'여름철에 여러 날을 계속해서 비가 내리는 현상이나 날씨. 또는 그 비.'

한동안은 또 내 감정을 고요히 찢어 가며 속도 모르고 내리겠구나, 비.

"추운 겨울이 지나가듯 장맛비도 항상 끝이 있듯,
내 가슴에 부는 추운 비바람도 언젠간 끝날 걸 믿는다."
– 노래, 김범수 –

"지나간다."

2025년 6월 22일 일요일,
'이별에 아파하고 있을 누군가에게'

이별에 아파하는 정도도 사람마다 다 다르겠죠.
이별에 잘 대처하는 사람이 있는가 하면,
너무 많이 힘들어하는 사람도 있을 거예요.

오늘은 그 이별에 너무 많이 힘들어하는 사람들에게
몇 가지 꼭 해 주고 싶은 말들이 있어 이렇게 적어 봐요.

저도 이별의 아픔을 경험해 본 적이 생각보다 많아요. 더군다나
저는 이별에 잘 대처하지 못하고 너무 많이 아파하는 사람이에요.

저도 잘 못 해내면서 전하고 싶은 말이 있다는 게 너무 모순적이지만
혹시나 그런 저와는 다르게 잘 해낼 수 있는 분들이 있을 거라 생각해
제가 이별의 아픔을 이겨 내고자 할 때 생각하는 마음가짐들과
행동거지들, 그렇게 제 바람과 제 나름대로의 방법들을
혹여나 조금이라도 도움이 될까 싶어서 전해 드리고자 해요.

단, 그 사람과 재회를 원한다고 해도 재회하기 전까지의 기간만이라도
덜 힘들어하셨으면 하는 마음에 써 내려가는 글이라는 점 알아주세요.

그 사람과 재회에 성공하셨다면 진심으로 축하드리구요.
이제는 서로의 소중함을 다시금 깨닫게 되셨을 테니
앞으로는 부디 행복한 일들만 가득하시길 진심으로 바라요.

이제 본론으로 들어가 볼게요.

이별의 아픔에도 보통 선폭풍이 있고 후폭풍이 있다고 하죠.
이별을 하자마자 힘들어하는 사람, 아니면 뒤늦게 힘들어하는 사람.

보통 선폭풍을 겪고 있는 사람이 괜찮아질 때면
그제야 상대방이 후폭풍을 겪는 경우가 많다고 하더라구요.

근데 저는 이 말을 믿어요. 제 거의 모든 연애가 정말 그랬거든요.
지금 이 글을 읽고 있는 본인이 현재 이별에 너무 힘들고 아프다면
상대방에게도 힘들고 아플 날이 꼭 와요. 그 사람도 사람인 걸요.

그리고 한 가지 꼭 자각하셨으면 하는 바람이 있어요.
당신을 떠난 그 사람은 당신보다 자기 자신을 더 사랑하기 때문에

당신을 떠난 거예요. 당신보다 자기 자신을 더 사랑하기 때문에
당신이 행복할 수 있는 삶을 살아가는 자기 자신의 인생이 아닌
자신이 행복할 수 있는 인생을 살아가기 위해 당신을 떠난 거예요.

나 싫다는 사람 좋아해서 뭐 해요. 나를 싫어하는 사람이에요.
싫어한다구요. 나 좋다는 사람 찾아다니는 게 차라리 더 낫겠어요.

그리고 이 사실에 대해 냉철하게 한번 생각해 봤으면 좋겠어요.
자기 좋다는 사람을 잃은 사람과 당신을 싫어하는 사람을 잃은 지금
이 이별을 맞이한 두 사람 중에 누가 더 아쉬운 사람인 걸까요?

이 생각을 진짜 많이 하셨으면 좋겠어요.

그리고 먼저 연락하는 일 없었으면 해요. 참기 힘든 일인 거 아는데
손가락을 깨물어 가면서라도 이것만큼은 참았으면 좋겠어요.

어느 포털 사이트에서 봤던 내용인데 먼저 연락하지 않고 기다리면
상대방한테 먼저 연락 오는 날이 언젠가 한 번쯤은 있다고 해요.
그런데 이 얘기가 실제 이별을 경험한 다수의 사람을 상대로
조사해 본 결과 통계로까지 나온 이야기라고 하더라구요.

다만, 그 사람한테 먼저 연락이 오게 되는 날까지 걸리는 시간이
1년이 걸릴지, 5년이 걸릴지, 10년이 걸릴지는 모르는 일이래요.
그래도 한 가지 확실한 점은 조사 결과 수치로 나온 통계상으로는
먼저 연락하지 않고 기다렸을 때 상대방한테 먼저 연락 올 확률이
90%를 육박한대요. 근데 저는 이 말도 믿어요. 제가 겪은 거의 모든
이별이 실제로 그랬거든요. 저도 정말 신기했어요.

근데 더 신기한 건 뭔지 아세요? 상대방한테 먼저 연락 올 때쯤이면
저는 이미 그 사람한테 아무 감정이 남아 있지 않아 무시하게 되더라구요.
속는 셈 치고 한 번, 이 순간이 언젠간 오리라 생각했으면 좋겠어요.

그리고 그 사람을 잊고 나서야 그 사람의 흔적을 지우려고 하지 마세요.
그 사람 사진, 그 사람이 해 준 선물, SNS 흔적들 억지로라도 지우세요.
그 흔적들을 보면 그 사람이 떠오르게 될 거 말씀 안 드려도 잘 아시잖아요.
그 사람이 떠오르게 되는 빈도수를 줄여야 해요. 힘든 일인 거 알아요.
하지만 그 흔적들을 지우거나 버리게 되면 보고 싶어도 못 보게 되니까
상대방이 떠오르는 빈도수는 자연스레 잦아들게 되겠죠.

그 사람을 잊어야 그 흔적들을 지울 수 있던 게 아니라, 억지로라도
그 사람의 흔적들을 지워야 그 사람을 잊을 수 있는 거였더라구요.

그리고 둘이 꽤 오랜 기간 연애하면서 마냥 행복하기만 했다든가
그 사람의 외관이든 내면이든 장점만 있지는 않았을 거예요, 그렇죠?

행복했던 때만 생각하려고 하지 말고 상대방 때문에 힘들었던 때를
계속 떠올려 보세요. 그리고 그 사람의 외관이 되었든 내면이 되었든
그 사람의 단점들을 계속 생각해 보려고 하는 버릇을 한번 들여 보세요.
그리고 둘이 재회해서는 안 되는 이유들을 한번 적어 내려가 보세요.

개인적으로 저한테는 이게 진짜 많은 도움이 되더라구요,
제가 겪은 모든 이별에 있어서 가장 큰 도움이 되었던 부분이에요.

이번에는 다소 좀 극단적인 예를 한번 들어 볼게요.

혹시 태어날 때부터 그 사람을 사랑했나요?

아니면 태어날 때부터 그 사람과 사랑하는 사이였나요?

이 말씀을 왜 드리냐면 지금 당신 삶의 일부를, 아니 삶의 전부와도 같은
그 사람을 잃은 게 아니라 원래부터 그 사람이 없었던 당신의 인생으로,
그냥 원래의 당신 모습으로 돌아온 것, 그뿐이에요. 뭐 다른 거 없어요.
그 사람은 원래 당신한테 애초에 없었던 사람이라구요.

그리고 당연히 사랑하는 사람을 잃어서 힘든 걸 수도 있겠지만
그 사람을 만났던 오랜 기간 당신이 해 왔던 그 생활 패턴이
갑자기 송두리째 바뀌어 버려서 단지 그냥 허전한 것뿐일 수도 있어요.

일어나자마자 했던 카톡이나 전화, 바쁜 와중에도 짬을 내 가면서까지
함께 보냈던 시간, 잠이 들기 전까지 했던 카톡이나 전화 등등, 이같이
그 사람을 만나는 동안 했던 모든 생활 패턴을 이성 친구와 함께하든
동성 친구와 함께하든 상관없으니, 그 사람을 만나는 동안 해 왔던
모든 생활 패턴과 최대한 비슷하게 살아 보려고 노력해 보세요.

그럼 당신이 정녕 그 사람을 잃어서 힘든 건지 아니면 오랜 기간 해 왔던
당신의 생활 패턴이 갑자기 송두리째 바뀌어 버려 밀려오는 허전함이
더 큰 건지 어느 정도는 판가름이 나실 수도 있어요. 저는 그랬거든요.

제가 책에서 본 '이별'에 관한 글들 중에 좋아하는 글이 하나 있어요.

'이별'

"말씀드렸잖아요."

"관계라는 건
자 이제 우리 끝내는 거야. 잘 가로
금이 가는 게 아니라는 거죠.
당신이 요이 땅 하기 전부터
이미 그 사람을 사랑했듯
잘 가라는 말이 나오기 전에
벌써 누군가의 마음속에서
이별은 시작되고 있었다고요."

저는 이 글에 십분 공감해요.

그 사람이 당신 몰래 이별을 준비하고 있었던 그 시간 동안에
겉치레뿐인 사랑이었다는 이 현실이 억울하지도 않으신가요?
분하지도 않으신가요? 억울해서라도 이겨 내야죠, 분해서라도.
지금 이 글을 읽고 있는 당신도 다시 멀쩡히 일상을 살아가야죠.

지금 이 순간에도 이별에 힘들어하는 당신을 생각하고 바라보면서도
어딘가에서 누군가와 멀쩡히 웃고 떠들고 있을 그 사람을 생각해 봐요.

그 사람에게 최소한 그런 하찮은 존재는 되지 말아야죠. 그래서라도
다시 원래의 당신처럼 '멋있게', 원래의 당신처럼 '이쁘게' 살아가야죠.

"그래야 당신이죠."

2025년 6월 23일 월요일,
'6월에도 물들어 있는 낭만을 바라보며'

나는 놀러 다니는 거나 여행 다니는 것을 싫어한다.
놀이동산, 워터파크, 타 지역의 번화가 같은 곳은 질색하며
그나마 좋아하는 여행이라곤 바다, 계곡, 꽃구경과 같은
이렇게 자연을 벗으로 삼은 장소들을 좋아한다.

하지만 그나마 좋아하는 장소와 여행을 말한 것뿐이지,
이마저도 잘 안 간다. 심지어는 꽃구경도 벚꽃 구경만 좋아한다.

그나마 좋아한다는 자연을 벗으로 삼은 이 장소들마저도
"살면서 몇 번이나 가 봤냐." 묻는다면 열 손가락으로 셀 수 있을 정도다.

그럼 위에 말한 놀이동산, 워터파크, 타 지역의 번화가 같은 곳은
한 손으로도 셀 수 있는 정도인 것 같다. 심지어 이 글을 쓰면서
지금 생각해 보니 워터파크는 단 한 번도 가 본 적이 없다.

이 정도로 어디 한 군데라도 나돌아 다니는 것을 싫어한다.

날씨도 이제 슬슬 무더운 여름을 준비해 가는 6월 22일 오늘,
취미 중 하나인 드라이브를 하던 도중 천지에 깔린 푸른 잎을 매단
나무들 사이로 듬성듬성 보이는, 날씨조차도 무더운 여름을 향해
준비해 가는 오늘까지도 붉은빛의 단풍을 매달고 내 눈을 사로잡아
갑자기 뭔가에 씐 것처럼 내 눈에 찬란해 보이기 시작한 나무들 몇 그루.

단풍을 보고 이쁘다고 느껴 본 건 처음인 나에겐

그간 느껴 본 적 없는 괜히 묘하면서도 설렜던 감정.

이제 곧 있으면 다가올 무더운 계절의 여름이 지나고 나면,

날씨란 놈이 또 내가 언제 그랬냐는 듯 다가올 선선한 계절의 가을.

어디 한 군데를 놀러 다니거나 여행을 싫어하고 질색하는 나를 무려

'올가을에 다른 건 몰라도 단풍 구경은 꼭 가 봐야겠다.'

라는 생각에까지 이르게 만들어 낸 고작 나무들 몇 그루.

내가 처음 느껴 보는 지금 이 감정이 '찬란함'이란 게 맞나? 싶었을 때.

"지금 느끼는 감정이 '찬란함'이 맞다."

라며 마치 단풍을 대신해 대답해 주듯, 아직까지 붉게 물들어 있는

서로를 껴안은 단풍잎들 사이로 후광인 것처럼 내리쬐던 찬란한 햇빛.

아직까지 붉은빛을 띠고 있는 6월에 바라본 단풍,

그것은 단순한 단풍이 아니었다.

"낭만이었다."

2025년 6월 24일 화요일, '표지판'

차를 몰고 운전을 하다 보면 참 가지각색의 표지판들이 눈에 보여요.
초록색 표지판부터 시작해서 노란색 표지판도 보이고, 많지는 않지만
간혹가다 빨간색 표지판도 보이는 거 같기도 해요.

이 수많은 종류의 표지판 중에서 저는 초록색 표지판을 보면
가장 익숙해서 그런가, 왠지 모르게 이유 없이 그냥 정감이 가요.

보통 행선지가 적혀 있고 그 행선지를 가려면 몇 미터 앞에서
어느 방향으로 가야 하는지가 적혀 있는 그 초록색 표지판이요.

내가 가는 목적지까지의 거리는 얼마나 남았나를 보며
물론 반가울 때도 있지만, 막막할 때도 있어요. 다들 그렇지 않나요?

내비게이션이 있는데 뭣 하러 표지판을 보냐구요?
제가 보는 게 아니라 보고 싶지 않아도 눈에 보이는 거예요~

그리고 그 초록색 표지판을 운전을 해 가며 스치듯이 본 적 말고
그 초록색 표지판 앞까지 직접 걸어가서 바로 앞에서 본 적 있나요?
운전하면서 봤던 것과는 다르게 거대하다고 느껴질 정도로 엄청 커요.

내비게이션이 물론 훨씬 더 편하고 유용하고 실용성이 높죠. 하지만,
그 거대한 표지판을 들어 올리고 내리고 풀고 쪼이고 떼고 붙이고
하신 분들의 노고를 생각해 보면 봐서 나쁠 건 없잖아요!

근데 여기서 중요한 사실은 우리가 '내비게이션을 보면서 가냐' 아니면
'표지판을 보면서 가냐'가 아니라, 내비게이션을 보든 표지판을 보든
우리가 향해 가는 '목적지'는 결국 같다는 점이에요.

혹시 다들 정답이란 게 없는 본인만의 '목적지'는 있으신가요?

'목적지'에는 정답이 없어요.

유일하게 정답이 될 수 있는 게 하나 있다면 그건 '본인의 선택'
이 말고는 그 누구도 본인의 '목적지'에 대한 정답을 정할 수 없어요.

제 친구 중에 일주일이 7일이면 9일은 술을 마시던 친구가 있어요.
아니 일주일이 7일인데 어떻게 9일을 술을 마시냐구요?

쉬는 날이면 쉬는 날마다 일어나서 해장술까지 마시고
한숨 자고 일어나서 그날 저녁에 또 마시거든요.

이 말을 이 친구가 했는지 정확히 기억은 안 나는데
친구 한 명이 그랬던 적이 있어요.
"술 깨는 맛에 출근하는 거 아니냐."라고.

근데 이런 인생도 누가 정답이다 오답이다 말할 수 없는 거예요.

이런 인생도 그 친구가 "나는 이렇게 사는 게 좋다."

"나는 이렇게 사는 게 행복하다."라고 얘기한다면

이런 인생이 그 친구한테는 정답이 되는 거예요. 그도 그럴 것이

누가 뭐라 할 수 있겠어요. 자기 인생 자기가 이렇게 산다는데.

이렇듯 본인의 '목적지'에 대해 정답을 내릴 수 있는 건 '본인'밖에는 없어요. 본인만의 '목적지'를 정했다면 누가 뭐라 하든 누가 어떻게 보든 간에 귀 틀어막고 눈 딱 감고 우직하고 꿋꿋하게 밀고 나가세요.

표지판 한번 보세요.

우리가 자기를 보든지 말든지 항상 같은 자리에 우직하게 서 있는 거.

내비게이션 이놈 좀 보세요.

우리가 "길을 왜 이렇게 알려줘?", "이 길이 맞아?" 아무리 떠들어도 꿋꿋하게 자기 할 말 다 하고 자기가 하고 싶은 말은 다 하는 거.

우리도 똑같아요.

본인만의 '목적지'를 정했다면 본인만의 표지판을 보면서 가든 본인만의 내비게이션을 보면서 가든 우직하고 꿋꿋하게 나아가세요.

"당신만이 정답이에요."

2025년 6월 25일 수요일, '타임머신'

여러분들은 '타임머신'이 실제로 존재한다면 탑승하실 건가요? 탑승하신다면 몇 년 전으로 돌아가고 싶어서 탑승하시는 건가요?

'타임머신'이 실제로 존재한다면 보통 과거에 후회되는 일이 있는
분들이 그 후회되는 과거를 수정하고 되돌리고 싶어 탑승하시겠죠.

음.. 근데 저는 후회되는 과거가 딱히 없어요.

저는 학창 시절 문제아였음에도 불구하고 그때로 돌아간다고 한들
그때보다 더 하면 더 했지, 못해도 비슷하게는 행동했을 거 같구요.

안 믿으실 수도 있지만 애초에 '물욕'이란 게 없는 저는 살면서 한 번도
"돈이라도 많이 벌어 둘걸." 같은 후회도 딱히 해 본 적이 없어요.

하지만 저도 '타임머신'이 존재한다면 돌아가고 싶은 후회되는 과거가
유일하게 딱 한 순간이 있어요. 그때는 제 첫사랑을 만났을 때예요.

이유는 "그때 그 사람을 온 힘을 다해 사랑할걸."이란 후회가 남거든요.
"그때 그 사람을 온 힘을 다해 사랑해 놓치지 말걸."이란 후회도 남구요.

그러나 우리가 현실적으로 바꿀 수 있는 건 지나가 버린 과거가 아닌
우리가 지금 살고 있는 현재와 앞으로 살아가게 될 미래뿐이기에

그래서 저는 이 과거와 같은 실수가 똑같이 반복되는 일이 없도록
사랑하는 누군가를 만나면 온 힘을 다해 사랑할 준비가 되어 있어요.
비록 얼마 전에 그렇게 온 힘을 다해 사랑하다 허탈하게 끝이 났지만요.

아니 근데 다시 생각해 봐도 그 사람 진짜 참 못돼 처먹었네요.

저와 그 사람은 만나기 전에 서로가 가지고 있는 아픔들과
상처들을 하나도 빠짐없이 전부 다 서로에게 공유하고 만났거든요.

제가 어떠한 아픔을 가지고 있는지, 제가 어떠한 상처를 가지고 있는지 뻔히 다 알고 있으면서도 그런 저에게 "오랜 기간 만난 것도 아니고, 내 마음이 엄청 컸던 것도 아니고 저는 정리했어요."라는 저에겐 너무 잔인하리만큼 큰 상처가 되는 말을 서슴없이 내던졌던 그 사람.

제 이별에 있어서 '가장 큰 상처를 안겨 줬던 사람'은 따로 있었는데 얼마 전에 헤어진 그 사람이 제 '가장 큰 상처를 안겨 준 사람'의 기준을 갱신하고 새로이 저에게 '가장 큰 상처를 안겨 준 사람'으로 올랐어요.

그 사람 얘기하다가 얘기가 갑자기 삼천포로 빠져 버렸네요. 아무튼 다시 '타임머신' 얘기로 돌아와서 혹시 이런 생각은 해 보신 적 있나요? 10년 후인 미래의 내가 '타임머신'을 타고 온 과거가 바로 지금이라면?

그렇다면 여러분은,

"그렇게 다시 10년이 지나도 후회되지 않을 현재의 삶을 살고 있나요?"

아니면,

"똑같은 실수를 반복하지 않는 그런 삶을 살고 있다고 확신하시나요?"

2025년 6월 26일 목요일, '옷은 날개다'

"옷이 날개다."라는 말이 있다.

내 개인적인 생각이지만 나는 누군가를 처음 대면하게 되었을 때 상대방과 여러 대화를 나눠 보기 전까지는 상대방이 어떠한 사람인지 판가름할 수 있는 건 외관으로 비치는 '겉모습'뿐이라고 생각한다. 외관으로 비치는 이미지뿐만 아니라 그 상대방의 성격, 성품 같은 이러한 상대방의 내면들 전부를 포함해서까지도 초면에 판가름할 수 있는 것 또한 외관으로 비치는 '겉모습'뿐이라고 생각한다.

솔직히 얘기해서 위에 말한 모든 것을 대부분의 사람들이 초면에 가장 우선적으로 판가름하게 되는 부분은 상대방의 '얼굴'이라고 생각하고 얼굴 다음으로 판가름하게 되는 것이 상대방이 걸쳐 입은 '옷가지'들이며 이 외의 부가적인 것들은 개인적으로 옷보다는 비교적 뒤 순서에 배치된다고 생각한다.

솔직히 맞는 이야기지 않나? 외관 먼저 안 보는 사람이 있긴 할까?

우리는 가끔 "꾸민 게 아까워서라도 놀러 가고 싶다."라는 말을 살면서 누구나 단 한 번쯤은 뱉어 봤을 것이라고 생각한다.

그만큼 옷을 평소보다 꾸며 입었다거나 격식 있게 차려입었을 때를 곰곰이 생각해 보면 우리의 마음가짐들도 달라졌던 것 같다.

원래 우리가 세워 놓았던 계획에는 놀러 나갈 계획 같은 건 없었지만 '꾸민 게 아까워서라도 놀러 가고 싶다.'라는 생각을 하게 됐던 것처럼?

물론 나도 예외는 아니다. 위와 같은 생각을 해 본 적이 적지 않다.

이 부분은 우리들의 마음가짐에서 끝나지 않을 뿐만 아니라 행동거지에도 영향을 끼치게 되는 부분이라고 생각한다.

위처럼 옷을 평소보다 꾸며 입었다거나 격식 있게 차려입었을 때
나는 내가 하는 행동들이 뭔가 평소와는 좀 달라지는 것 같다.

좀 젠틀해 보이게 행동하려고 한다든지, 격식과 품위가 있어 보이게
행동하려고 한다든지, 다른 사람들은 어떨지 모르겠지만 나는 그렇다.

그냥 대충 걸쳐 입으면 말 그대로 그냥 아무 생각 없이 행동하는데
평소보다 꾸며 입었다거나 격식 있게 차려입을 때면 뭔가 느낌이 자꾸
내가 하게 되는 행동들을 의식해서 하게 되는 것 같다. 나만 그런가..?

그리고 이 내용은 평소에도 생각해 왔던 내용인데 나의 겉치장이
정말 무시 못 할 정도로 나의 자존감에 중대한 영향을 끼치는 것 같다.

나는 나름 한껏 격식 있게 갖춰 입은 거울 속의 나를 보면 그래도
조금은 자존감이 올라가는 것을 느낀다. 그래서 나는 평소에도
머리 손질, 옷, 면도 등등 겉으로 비치는 겉모습들을, 귀찮아도
될 수 있으면 평상시에도 깔끔하게 하고 다니려고 하는 편이다.

근데 어찌 보면 당연한 소리다. 거울 속 본인의 꾀죄죄한 모습을 보며
자존감이 올라갈 리가.. 혹여 올라가는 사람이 있다면 그건 자존감이
올라가는 것이 아닌 그냥 그 사람 자체가 자존감이 높은 사람일 확률이..

그래서 나는 많은 사람이 좀 귀찮더라도 될 수 있으면 평상시에도
최대한 거르지 않고 본인을 조금이라도 꾸미고 다녔으면 좋겠다.

본인이 자존감이 낮다고 생각하는 사람이라면 더더욱!

이렇게 하나하나 따지고 들며 생각해 보니 참 다방면에서
참 여러 의미로 '옷'이 곧 '날개'가 맞는 것 같다.

와중에 여기서 한 가지 재밌는 사실은 이 글을 써 내려가는 나는 지금
추리닝 바람에 모자를 푹 눌러쓴 채로 이 글을 쓰고 있다는 점이다.

이런 날도 있는 거지 뭐.

2025년 6월 27일 금요일, '나에겐 너무 어려운 숙제, 나 먼저 생각하기'

내 입으로 말하기는 조금 낯부끄러운 발언일 수도 있지만
나는 나의 입장보다 남의 입장을 먼저 생각하게 되는 것이
이제 이게 내 의지와는 무관할 정도로 습관화가 되어 버렸다.

하지만 나도 처음부터 이런 성격을 가졌던 것은 아니다.
내가 이렇게 된 데에는 나름 나만의 커다란 계기가 하나 있다.

내가 필라테스 강사로 근무했을 때, 당시 근무했던 해당 센터에는
'필라테스'라는 종목이 가진 운동 특성상 우리의 육안으로 비추어지는
동작들이 겉보기에는 다소 우아해 보일 수 있는 동작들이 많기 때문에
남자 회원님들보다 여자 회원님들이 압도적으로 많았다.

실제로 여성 전용 센터는 아니었지만 여자 회원님들이 300명 가까이
됐었다면 남자 회원님들은 10명도 채 안 되었을 정도였으니 거의 뭐

'여성 전용 필라테스 센터'라고 말했어도 결코 과언은 아니었다.

그런 센터에서 실제로 정해진 법은 없었지만 될 수 있으면 "회원님과의 사적인 만남이나 연애는 피했으면 좋겠다."라는 암묵적인 룰이 있었다.

하지만 당시 근무하던 해당 센터의 원장님과 부원장님께서는 그렇다고 수많은 회원님 중 한 명인 누군가와 강사인 내가 서로가 서로를 마음에 들어 하는 상황이 생겨 실제로 만나게 된다고 한들 굳이 억지로 못 만나게 할 생각까지는 없다고 말씀해 주셨다.

근데 내가 생각해도 회원님과의 사적인 만남이나 연애는 강사로 근무하는 나에게 있어선 다소 쓸데없는 구설수에 오를 수 있는 위험이 다분할 것이라고 판단했었기 때문에 이 부분에 있어선 나의 생각도 크게 다르지 않았다. 그래서 최대한 조심해서 행동하고 나 스스로도 주의를 기울였다.

필라테스 강사로 근무를 하면서 많지는 않지만 감사하게도 간혹 몇몇 분이 먼저 연락을 주시는 경우가 종종 있었다. 그럴 때마다 먼저 연락해 주신 그 용기에 상처가 되지 않게 강사와 회원 사이라면 충분히 오갈 수 있는 대화처럼 최대한 자연스럽게 이어 나갈 수 있게끔 하는 데에 심혈을 기울였다.

그러던 어느 날, 오늘 이야기의 주인공 격이 될 우리 센터의 수많은 회원님 중 한 사람이었던 그 사람에게 먼저 연락이 왔다.

나도 그 사람이 꽤나 마음에 들었는지 남들 몰래 사적인 만남도 몇 번 가지게 됐고, 깊은 고심 끝에 결국 비밀 연애를 시작하게 되었다.

비록 그 비밀은 얼마 가지 않아 들통났지만 원장님과 부원장님께서는
감사하게도 오히려 잘 됐다고, 이쁘게 잘 만나라며 축하해 주셨다.

믿거나 말거나지만 지금부터 써 내려가는 모든 이야기는
거짓 하나 없이 내가 내 몸으로 직접 경험한 사례들이다.

그 깊은 고심과 갈등 끝에 내린 결정의 연애 중 고작 한 반년 만났을까.
이별을 하게 되었다. 이별 방식은 그 무섭다는 '환승 이별'이었다.

태어나 처음 경험해 보는 이별 방식에 상당한 충격을 받았다.

몇 년이 지난 지금까지도 이 모든 걸 어제 일처럼 생생하게 기억한다.
정확히 3일 동안 침대에 누워 그 무엇도 먹지 못하고 먹은 거라곤
물밖에 없었다. 그 물마저도 침대에 누워 있으면 누워 있는 침대에
몇 번이고 연신 물토를 해 대서, 직장도 2주 동안 병가를 내게 되었다.

그리고 정확히 4일째 되던 날, 살아야겠다는 생각에 사로잡혀
거실에 있던 콩나물국에 밥을 말아 후루룩 먹어 댔다.

그러고는 그대로 응급차에 실려 가 병원에서 링거를 맞게 되었고

그 이후에 다시 집으로 돌아온 나는 늦은 대낮에 눈을 뜰 때면
뭐에 홀리기라도 한 것처럼 주섬주섬 옷을 주워 입고는 무작정
밖으로 나가 그냥 내 발길이 닿는 대로 정처 없이 걷기 시작했다.

그래 봐야 먹은 게 없으니 힘이 없어 얼마 걷지도 못하고
집으로 들어와 내 방 안 침대 위에 다시 내 몸을 뉘었다.

그렇게 또 저녁에 눈을 뜨면 또다시 옷을 주워 입고는
일단 무작정 밖으로 나가 다시 정처 없이 걷기 시작했다.

때는 아직은 날이 추워 패딩을 입고 다녀야 했던 늦겨울 어느 날,

이사를 온 지 얼마 되지도 않았던 지역이라 길도 잘 모르던 곳을
패딩을 걸쳐 입고 패딩 모자를 뒤집어쓰고 아무 생각 없이 걸어 댔다.

얼마나 걸었을까. 그러던 와중에 어느 순간 나를 쳐다보는 사람들의
시선이 느껴졌고 그렇게 정신을 차리고 보니 걷기 시작한 지 한참이
지나서야 패딩 모자에서 뚝뚝 떨어지는 물방울이 느껴졌다.

비가 내리고 있었다. 그 추운 겨울에 그것도 모르고 한참이나 걸었던..

그 상황을 인지하고 깨달은 순간.. 그냥 길거리에 풀썩 주저앉아 버렸다.
그렇게 길거리에 털썩 앉아 비를 맞고 있던 중에 이모뻘이라고 하기엔
좀 애매하고 큰누나뻘 정도 되시는 분께서 내게 우산을 씌워 주시고는
괜찮냐고, 무슨 일 있냐고, 집이 어디냐고 물어보셨다.

나는 얼굴도 모르는 그분을 쳐다보며 이유 모를 눈물을 펑펑 쏟아 냈다.

그렇게 너무 감사하게도 그분이 잡아 주신 택시를 타고 집에 도착했다.

이런 폐인 같은 삶을 2주 정도 지속하고 억지로 다시 출근을 했다.
그랬더니 센터 앞에 주차되어 있는 내 차를 보고는 그 사람한테
카톡이 왔다. 핸드폰을 들고 있는 손이 부르르 떨려 오는 것은
드라마나 영화에서나 봤지, 직접 느껴 본 건 태어나 처음이었다.

나는 밀려오는 혐오감에 카톡으로 표출할 수 있는 최대한의 온갖
분노를 다 표출하고 느껴지는 증오스러움에 카톡을 차단했다.

나한테만큼은 이보다 더 잔인할 수 없다 싶을 정도의 무자비한 경험을
한 이후로는 내가 다른 누군가에게 상처를 주게 된다면 나도 이 사람과
똑같은 사람이 되는 것 같은 느낌에 내가 잔인한 사람이 되는 것만 같이
느껴지는 그 현실이 '무섭다.'라는 감정으로 이어지게 되었다.

이 이후로는 난 이상하게 남들을 먼저 생각하기보다
나를 먼저 생각하려고 노력해 봐도 그게 잘 안된다.

심지어는 차라리 내가 크나큰 상처를 받는 한이 있더라도,
차라리 내가 피해를 보는 한이 있더라도, 나 자신을 스스로
갉아먹는 한이 있더라도 좋으니 남이 상처를 입거나 피해를
보는 꼴은 못 보는 지경까지 이르게 되었다.

내가 먼저 행복해야 남에게 행복을 전파할 수 있고,

내 마음이 먼저 건강해야 남을 배려해 줄 수 있으며,

나 자신이 풍족해야 남에게 베풀어 줄 수 있는 거라고 생각한다.

그러니 많은 사람이 남보다 본인을 먼저 아끼고
남보다 본인을 먼저 사랑할 줄 아는 그런 사람이 되었으면 좋겠다.

나는 해내지 못하는 이 어려운 일을 부디 나 말고 다른
많은 사람은 진심을 담아 꼭 해낼 수 있었으면 좋겠다.

제가 꽤 오랜 기간을 이렇게 살아 보니 본인을 갉아먹으면서까지
남의 입장을 먼저 생각하고 남이 받을 상처를 먼저 걱정하는 것은
그게 아무리 '배려'라고 해도 결코 좋은 것이 못되더군요.

'배려'라고 해서 무작정 선한 것만은 아닌 것 같습니다.

"여러분들은 부디 꼭 본인이 먼저 행복해지셨으면 좋겠습니다."

2025년 6월 28일 토요일, '나무 그늘만이 그늘이 아니다'

장마가 시작되었다는 일기예보를 들은 지 며칠이 되었는데
내린다는 비는 안 내리고 고집불통 무더위만 기승을 부린다.

나는 이렇게 날이 무더운 것도 모자라 뜨겁다 느껴질 정도의 날씨에
밖을 거닐 때면 거의 본능적으로 자연스레 그늘을 찾게 된다.

취미라고 표현하기에는 좀 모호한 면이 없지 않아 있지만
그늘 아래 앉아 커피 한 잔을 마시면서 멍을 때리는 것 또한
내 취미 중 하나이기 때문에 날이 뜨겁다는 이유를 핑계 삼아
더위도 피할 겸 그늘을 찾아 그렇게 겸사겸사 취미도 즐긴다.

자연을 좋아하는 나는 그중에서도 단연 '나무 그늘' 아래에서
시원한 아메리카노를 한 잔 마시며 멍 때리는 것을 가장 좋아한다.

'나무 그늘'은 우리에게 '햇빛'이라는 자연과 '나무'라는 자연이 만나
우리에게 제공되는 말 그대로 자연만이 줄 수 있는 '천연' 쉼터와도 같다.

우리 주변 그 많고 많은 그늘 중에서도 '나무 그늘'은
괜스레 우리에게 왠지 모를 친근감까지 더해 준다.

하지만 우리 주변의 그늘은 '나무 그늘'만 있는 게 아니다.

'햇빛'과 '높은 빌딩'이 만나 그늘이 형성될 수도 있는 것이고
인위적으로 '파라솔' 같은 그늘막을 설치해 그늘이 형성될 수도 있다.

이렇게 그늘이 만들어지는 배경은 각기 다르지만 한 가지의 공통점은
날씨가 무더운 날이면 뜨겁게 내리쬐는 햇볕을 피하기 위해 종종
우리들의 몸을 숨기는 '은신처'와도 같은 용도로 쓰인다는 점, 그리고
누군가에게는 무더위에 진이 다 빠져 버린 몸을 잠시 식혀 가고자 할 때
잠깐의 '쉼터' 용도로도 쓰일 수 있다는 점이다.

나는 '글'로써 그리고 '말'로써 누군가의 마음을 공감해 주고,
헤아려 주고, 위로해 줄 수 있는 능력을 지니고 싶어 하는 사람이다.

그러기 위해

무던히 노력해서 꼭 '글'로써 '말'로써 누군가의 마음을 공감해 주고
헤아려 주고 위로해 줄 수 있는 그런 능력을 지닌 한 사람이 됨으로써
이 험난하기만 한 세파 속에서 지칠 대로 지친 사람들로 하여금 기필코

"저라는 사람의 그림자로 지친 당신의 그늘이 되어 주겠습니다."

"약속할게요."

2025년 6월 29일 일요일, 도로 위 '과속 단속 카메라'

차를 몰고 도로 위를 달리다 보면 제한된 속도를 넘지 말라는
'과속 단속 카메라'를 볼 수 있어요. 제한된 속도를 넘은 채로
그 카메라를 지나게 되면 단속에 걸려 벌금형을 받게 되어 있지요.

이 '과속 단속 카메라'가 설치된 목적은 그리 복잡하지 않을 거예요.
설치된 데에는 많은 이유가 있겠지만 그중에서도 도로마다 정해진
제한된 속도보다 높은 속도로 과속하는 차량으로 인해 일어날 수 있는
사고를 미연에 방지하고자 설치된 게 가장 큰 이유가 아닐까 해요.

사실 목적지까지 도착하는 시간을 앞당기기 위해 제한된 속도보다
빠르게 달린다 한들 앞당겨지는 시간은 고작 10~20분 내외일 거예요.

근데 저는 그 10~20분이란 시간이 그렇게 큰 위험을 감수하면서까지
앞당겨야 할 정도로 의미가 있는 시간인지는 사실 잘 모르겠어요.

그리고 그냥 개인적으로 궁금한 부분도 있어요!
혹시 10~20분 더 일찍 도착해서 뭐 하려고 그렇게 서두르시는 걸까요?

그러다 사고 나요. 원래 제시간에 도착하거나 10~20분 늦게 도착할 거
진짜 사고라도 나 봐요. 원래 제시간에 도착할 거 1~2시간 더 늦춰져요.

아니 시간만 늦춰지면 다행이죠. 그러다 진짜 동승하고 있던 사람이나
아니면 본인 중에 누구 한 명 크게 다치기라도 하면 어떡해요.
그렇게 되면 1~2시간이 아니라 하루, 이틀이 늦춰지게 될 수도 있고
늦춰지는 건 고사하고 목적지까지는 아예 못 가게 될 수도 있잖아요.

그런 일이 없어야 하겠지만 사람 일은 모르는 거잖아요, 그렇지 않나요?

괜히 재수 없고 불안해지게 왜 쓸데없이 이런 소리를 하냐구요?

괜히 불안하다는 생각이 들었다는 것 자체부터가 본인도 속으로는
'나한테 이런 일이 일어날 확률은 없다.'라는 확신은 없기 때문에
그런 생각이 든 건 아닐까요? 본인이 크게 생각해 본 적이 없었으니까
잘 몰랐던 것뿐이지, 본인 마음속에도 항상 저런 불안함이 내재되어
있던 건 아니었을까요? 본인도 사람인걸요!

제가 썼던 일기 중에 '느림의 미학'을 제목으로 한 일기가 있어요.
그 일기를 보시면 '느린 것이 가장 빠른 것'이란 걸 아실 수도 있으실 거예요!

제 친구들 중에 '국토 대장정'을 목적으로 서울역에서 부산역까지
400km가 넘는 거리를 걸어서 갔던 친구가 두 명 있어요.

차를 타고 가면 4~5시간이면 도착할 거리를 꼬박 보름이라는
기간에 걸쳐 걸어가 결국엔 도착했어요. 진짜 대단하지 않나요?

'천리행군'이라는 훈련을 하는 우리나라의 일부 특수한 군인분들은
시간도 고작 일주일 만에 심지어 거리까지도 그것보다 더 걷는다구요?
아니면 본인은 그것보다 더한 것도 해 봤다구요? 혹시나 이런 맥락의

생각을 하고 계신 분들이 계시다면.. 지금 장난해요..?

지금 그게 중요해요..?

결국엔 가고자 하는 목적지까지 도달해 냈다는 그 사실이 중요한 거죠.
그렇게 삐딱하게만 살아가면 어떡하려고 그러세요..?

혹시나 위와 같은 생각을 하고 있는 분들이 진짜 계신다면 그런 분들에게
더도 말고 덜도 말고 진짜 이 한마디는 자신 있게 할 수 있을 거 같아요.

"진짜 멋없어요, 당신."

아무튼 뭐 특수한 군인분들보다, 차를 타고 가는 것보다, 대중교통을
이용해서 가는 것보다 물론 많이 늦긴 했지만 결국엔 도착했어요.

제가 썼던 또 하나의 일기 중에 '인생 시계'라는 제목의 일기가 있어요.

그 일기를 한번 들여다봐 주시면 알게 되시겠지만,

인간의 평균 수명 80년, 그 인간의 평균 수명 80년을 24시간이라는
가정하에 하루, 한 달, 일 년을 각각 시간으로 환산한 수치를 보면

'하루=3초'
'한 달=1분 30초'
'일 년=18분'

이라는 계산이 나와요.

본인이 이루고자 하는 목표가 1년이 더 걸린다고 한들
이 인생 시계를 놓고 봤을 때 고작 18분 더 걸린 거예요.

본인이 이루고자 하는 꿈이 10년이 더 걸린다고 한들
이 인생 시계를 놓고 봤을 때 고작 3시간 더 걸린 거예요.

지금 본인이 생각하는 게 목표가 됐든 꿈이 됐든 그게 무엇이 됐든

조바심 내지 말아요.
조급해하지 않아도 돼요.

얼마나 걸리든 도착만 한다면 크게 달라질 거 없어요.

마지막으로 또 하나 제가 썼던 일기 중에

'평화주의자를 지향하는 내가 유일하게 좋아하고 권장하는 싸움'
에서 얘기했던 내용이 있는데, 다시 한번 재차 강조해 드리고 싶어요.

"조금 느려도 돼요.

가고 있잖아요, 그렇죠?

부디 멈추지만 말아요.

그러기만 한다면 분명히

본인이 생각했던 것보다

머지않은 시간 안에 도착할 거예요.

조금 느려도 괜찮아요, 가고 있잖아요.

멈추지만 말아요."

이 세상에 결코 쉬운 일은 없다는 건 잘 알고 계시죠? 이 얘기는 곧 지금 본인이 걷고 있는 그 길이 쉽지 않고 되려 고되고 힘들기만 하다면

"그건 곧 지금 잘 하고 있다는 말의 방증일 확률이 커요."

"지금도 충분히 잘 하고 있어요."

2025년 6월 30일 월요일,
'행복 진짜 별거 없습니다, 진짜 멀리 있지 않습니다'

난 우울증을 포함한 정신 질환들의 약을 복용하지 않으면 기나긴 밤 내내 잠을 이루지 못한다. 약에 수면제까지 포함되어 있기 때문이다.

물론 약을 먹지 않고 자 보려는 시도는 수차례나 해 봤다.

약을 먹지 않아 밤을 꼬박 지새운 날이면 '간밤에 한숨도 못 잤으니 오늘은 잘 수 있겠지.' 생각하고 겨우겨우 하루 일과를 소화해 낸 후 집으로 돌아와 약을 먹지 않고 잠을 청하려 들면 그렇게 자연스레 꼬박 이틀 밤을 뜬눈으로 지새우게 된다.

고작 약을 먹지 않고 한번 잠에 들어 보겠다는 이유로

운동을 하루에 4~5시간을 하여 일부로 몸을 혹사시켜
지쳐서라도 잠이 들 수 있게끔 노력도 해 봤다.

이런 수많은 시도는 결국엔 다 무용지물이었다.

이 얘기는, 즉 잠을 자기 위해 약을 복용하는 저녁 말고는
난 약을 복용하기 시작한 이후로 '낮잠'이란 걸 자 본 적이 없다.

'낮잠용 수면제'는 들어 보지도 못했으니.. 있는지 없는지는 모르겠다.

이렇게 정신 질환들의 약을 복용해 온 지도 어느덧 거의 3년,
믿거나 말거나 본인 선택이지만 난 이 3년이라는 시간 동안
'낮잠'이란 걸 자 본 적이 없다. '쪽잠'도 마찬가지다.

'낮잠'이나 '쪽잠'이 주는 개운하고도 달달하기까지 한
소소한 행복의 감정은 이미 느껴 본 지 오래다.

너무 피곤할 때엔 누워서 눈만 감고 있는 것이 나에겐 최선이다.

친구들과 여행을 갈 때, 간혹 숙소 침대에 누워 눈을 감고
쌓인 피로를 풀고 있으면 친구들은 "야, 세호 잔다."라고 말하며
신기해하다가도 내가 "안 자."라고 대답하면 "어우, 깜짝이야."
하며 놀라는 일은 이제 뭐 대수롭지도 않은 일이다.

아니, 이제 친구들도 놀라지도 않는다.

헬스 트레이너로 근무했을 때 당시 함께 일하던

트레이너 선생님과 나눈 대화가 문득 생각이 난다.

의도치 않게 뜬눈으로 하룻밤을 지새우고 출근하신 모양이었다.

"세호 쌤.. 하루만 밤을 새워도 일하는 게 이렇게 힘든데 세호 쌤은
막 이틀, 3일씩 밤을 새우고 오셨을 때 어떻게 일을 하셨어요..?"

라는 선생님의 질문에 난 정확히 이렇게 답했다.

"글쎄요.. 그냥 살다 보니 살아지던데요.."

참 이런 거 보면 사람이 또 그냥 죽으란 법은 없나 보다..

다소 웃기게 들릴 수 있는 말이긴 하지만 나는 '낮잠'이란 걸
자 보는 것이 내 '소원' 중 하나인 삶을 살아가고 있다.

근데 정말이다. 실제로 내 '소원' 리스트 중 하나이다.

'행복' 진짜 별거 없는 거 같다. 그리고 멀리 있지도 않은 거 같다.
많은 사람이 일상에서 그리 어렵지 않게 누리며 살아가고 있는
그 무엇이 이렇게 누군가에겐 삶의 '소원' 중 하나이기도 하다.

이와는 별개로

나는 꽤 오래전부터 알고 있던 내용이지만 내 예상과는 다르게
생각보다 꽤 많은 사람이 모르고 있는 사실이 하나 있다.

우리가 웬만해선 찾아보기 힘든 '네잎클로버'의 꽃말은 '행운'이다.

그런 반면에

우리가 눈만 어디 풀때기에 돌렸다 하면 찾아볼 수 있을 정도로
찾아보기 쉬운 천지에 깔린 '세잎클로버'의 꽃말은 '행복'이다.

하지만 우리는 천지에 깔린 '세잎클로버'는 봐도 모른 척하지만
'네잎클로버'를 보게 되면 그리 신기해하면서 환장을 하고 오늘은
운이 좋을 거 같다며 세상 행복해한다. 로또 안 사면 다행이다.

혹시나 지금 이 글을 읽고 있는 누군가가

'행복'을 찾아 너무 먼 길을 걸어가고 있다고 느껴진다거나,
'행복'이 너무 멀리 있어 보인다고 느껴진다면 그것은
지금 그토록 찾아 헤매고 있는 건 정작 '행복'이 아닌
'행복'을 가장한 '행운'일 가능성이 높다고 생각한다.

나는 많은 사람이 이 글로 하여금

멀리에 있는 '행운'을 쫓는 삶을 살지 않았으면 좋겠다.

마음 안에 새로운 눈을 치켜뜨고

가까이에 있을 '행복'을 누리며 사는 삶을 살아갔으면 좋겠다.

그런다면 삶의 행복 지수가 조금이나마 올라갈 것이라 믿는다.

2025년 7월 1일 화요일,
'남자다움이란 대체 무엇일까'

나는 남자다. 일반적인 남자들과 다를 거 없이 강해지고 싶고,
멋있어 보이고 싶고, 누가 봐도 남자답다 느낄 정도의 남자가 되고 싶은
강한 욕구를 가진, 다른 남자들과 별반 다를 거 없는 그런 '남자'다.

'남자답다'라는 것은 대체 무엇일까?
겉으로 봤을 때 강해 보이는 것?
그 누구한테도 질 것 같지 않아 보이는 것?
하고 싶은 말은 따박따박 다 하는 것?
해야 할 말은 그때그때 다 하는 것?
야성미 넘치게 생긴 것?(헛웃음)

아.. 생각할수록 어렵다. 그리고 복잡하다.

어렸을 적에 나는 남자라면 진정으로 강해야 한다고 생각했다.

그리고,

나도 옛날엔 남자라면 언제 어디서든지 우직해 보이고 근엄하며,
듬직해 보이고 묵묵한 것이 남자다운 것이라고 생각했다.

그런데 나이가 한 살, 한 살 들어갈수록 생각이 점차 달라지는 것 같다.

지금 내가 생각하는 '남자다움'이란 이렇다.

따질 거 나중에 따지더라도 일단 먼저 한 템포 수그러들고, 놓인

상황에 대해 생각할 시간을 먼저 가질 줄 아는 '신중함'을 갖춘 사람.

나중에 이겨 먹더라도 일단 먼저 져 주고, 놓인 상황에
대해 생각할 시간을 먼저 가질 줄 아는 '현명함'을 갖춘 사람.

본인이 강한 사람이라는 사실을 나중에 인식시켜 주더라도, 일단은
약한 사람이 되어 생각할 시간을 먼저 가질 줄 아는 '지혜'를 갖춘 사람.

따지는 거 하루, 이틀 늦게 따진다고 해서
실제로 속이 뻥 하고 터지지 않는다.

이겨 먹는 거 하루, 이틀 늦게 이겨 먹는다고 해서
실제로 분통이 뻥 하고 터지지 않는다.

본인이 강한 사람이란 걸 상대방이 하루, 이틀 늦게 알게 되더라도
본인이 진정으로 강한 사람이라면 굳이 그걸 표출하려 하지 않아도
상대방은 언젠간 자연스레 그 사실을 알게 되어 있다.

위에 내가 생각하는 '남자다움'이란 것에 예시를 들어 말한 상황들의
그때 당장만 놓고 바라봤을 땐 누가 보면 겉으로 보기엔 참 한없이
약해 보이기만 하는 사람이다.

하지만 난 누가 봤을 때 겉으로 보기엔 약해 보일 수 있는
위에 말한 저런 모습들이 오히려 더 강해 보인다고 생각한다.

그렇지만 위에서도 말했다시피
남자라면 강해야 한다는 생각은 예나 지금이나 변함없다.

그러나 내 기준에서의 진짜 남자의 '강함'은 언제 어디서든지
'우직해 보이고 근엄하며, 듬직해 보이고 묵묵한 것'이었던
어릴 적과는 다르게 지금 내가 생각하는 진짜 남자의 '강함'은

'약해질 줄도 아는 것이 곧 강한 것'이다.

'약해질 줄도 아는 남자가 곧 강한 남자'이다.

'약해 보일 줄 아는 남자가 진정 남자다워 보이는 것'이다.

즉, '약한 것이 곧 강한 것'이다.

내가 꼭 지키며 살아가고자 하는 내 삶의 신조 중에 나만의 철학이 하나 있다.
그 인생의 철학은 몇 가지 안 되는 나만의 철학들 중에 흔히들 얘기하는

'강강약약'

"강한 자에게 강하고 약한 자에게 약한 것."

본인이 강하다고 생각하는 사람에게 하지 못할 언행이나 행동들은
본인이 약하다고 생각하는 사람에게도 하면 안 된다, 절대.

이게 내가 가장 중요하다고 생각하는 내 인생철학 중 하나이다.
실제로도 이렇게 살아가기 위해 나름 노력하며 살고 있다.

내가 가끔 친구들에게 들어 줬던 극단적인 예가 하나 있다.

"온몸이 문신투성이에 체격 건장한 남자가 너한테 욕을 해 대는데
너는 거기에 대고 똑같이 욕할 수 있어? 욕할 수 있다고 말한다면 네가

생각하는 약자들한테 욕한다 해도 나로서는 할 말이 없는 거긴 한데
그러지 못할 거라면 약자들한테도 하면 안 돼, 절대로."

"난 누군가한테 욕을 하고 싶을 때면 이 생각을 가장 먼저 해."

실제로도 난 누군가한테 욕을 하고 싶을 때 이 생각을 가장 먼저 한다.

이 생각을 가장 먼저 해 본 후에 이와 같은 상황이 와도 똑같이
욕을 할 것 같은 상황이라는 판단이 서면 욕을 하지만

그러지 못할 상황인 것 같다는 판단이 서면 실제로 욕을 하지 않는다.

'외유내강'이라는 말이 있다.

"겉으로는 부드럽고 순하게 보이나 속은 곧고 굳셈."

이것이 내가 생각하는 진정한 '남자다움'인 것 같다.

2025년 7월 2일 수요일, '별 헤는 밤'

생각해 보면, 이내 햇볕을 거두고 어둑해진 밤하늘을 바라보며
그 짙은 어둠 속 그제야 비로소 영롱한 자태의 존재감을 뽐내는
수많은 '별'을 아무 생각 없이 바라봤던 때가 마지막으로
언제였는가 생각해 보니, 기억이 나지 않는다.

그만큼 우리는 겨우 밤하늘의 '별'을 바라볼 잠깐의 여유조차

생각하지 못할 정도로, 그 잠깐의 여유조차 용납해 주지 않는
이 냉혹한 현실에 혈안이 되어 살아가는 데에 급급하기만 하다.

이 냉혹하고 참담하기만 한 현실을 자각할 때면 난,

그렇게 살아갈 수밖에 없는 이 현실이 너무 야속하기만 하다.

그와 동시에

나 자신이 초라하게 느껴지기도 하고

나 자신이 처량하게 느껴지기도 하며

나 자신이 한없이 작게만 느껴지기도 한다.

마치 밤하늘의 주인공은 '달'이라고 누가 정해 놓기라도 한 것처럼
우리는 밤하늘을 바라보며 항상, 굳이 찾아보지 않아도 눈에 보이는
'별'을 뒤로하고 무의식중에 달이 어디 있나 가장 먼저 찾아보게 된다.

조물주조차도 정해 놓은 적이 없는 이런 밤하늘의 모순 때문에
밤하늘의 주연이 되어 버려 웅장해 보이는 그 '달'을 중심으로
'달'이라는 주연 못지않게, 영롱한 자태를 뽐내며 아름답게
빛나는 밤하늘의 조연이 되어 버린 '별'

문득 밤하늘의 '별'을 바라본 게 마지막으로 언제였나
생각이 들었던 오늘, 오늘은 그간 바라볼 생각조차 못 했던
이 현실의 야속함을 뒤로하고, 그 '별'들을 하나하나 놓치지 않고
일일이 헤어 봐야겠다. 그간 털어놓고 싶었던 많은 말과 뜻을 담아

'별'들 하나하나에 고이 전하며.

"별 하나에 추억과

별 하나에 사랑과

별 하나에 쓸쓸함과

별 하나에 동경과

별 하나에 시와

별 하나에 어머니, 어머니,"

– 시인 윤동주「별 헤는 밤」중 –

"밤하늘의 별을 바라본 기억이 마지막으로 언제인가요."

2025년 7월 3일 목요일,
'2022년 1월 22일의 내 친구에게'

밤하늘의 '별'을 바라보았다.

나에겐 서로를 동반자라고 불렀던 친구가 한 명 있었다.

그렇다, '과거형'이다.

사실 일기의 한 페이지로 써 내려갈까 말까를 수도 없이 고민했다.

그만큼 조심스러웠다.

그래도 내 일기의 한 페이지에라도 기록으로 남기고 싶었다.

하지만 차마 자세한 내막까지는 맘이 저려 와 도저히 못 쓰겠다.

하늘마저 탐했을 정도로 빛났던 존재.

30년도 채 안 되는 그 짧은 시간에

잠깐이나마 내 곁에 머물러 주어서 영광이었다.

2022년 1월 22일, 새벽

하늘마저 탐했던 그 못다 핀 꽃 한 송이, 그가 만개했을 때의
아름다움을 예상하셨는지 신께서는 그가 꽃이 되길 거부하고
자기 주변을 아름답게 수놓을 '별'이 되길 바라셨구나.

난 보았다.

아니나 다를까,

밤하늘을 바라보니

'가장 아름다운 별'로 자리매김하고 있더구나.

이만 글을 마친다.

"사랑한다."

2025년 7월 4일 금요일, '굳은살'

10년째 무거운 쇳덩이를
짊어지고 운동을 하는 내 덕분에

주인 잘못 만난 내 손바닥과 발바닥은,
그 10년이라는 시간 동안

무거운 쇳덩이에 짓눌리고
뭉개져 '굳은살'투성이다.

보기 흉한 면이 없지 않아 있지만

이 '굳은살'은 나에겐

그간 운동을 참 꾸준히
열심히도 해 왔다는 것을

나를 대신해 증명이라도
해 주는 듯한 '훈장'과도 같다.

이 '굳은살'이 박인 부위들은
신경세포가 압박되어 민감도를 잃어

바늘로 콕콕 찔러도
건드리는 느낌만 날 뿐, 아프지는 않다.

'굳은살'

"잦은 마찰로 손바닥이나
발바닥에 생긴 두껍고 단단한 살."

처럼

잦은 아픔과 잦은 슬픔을 견딘다면
그땐 그 어떤 시련이 와도 아프지 않을,

언젠가 우리 마음에도 생겨나려나.

"굳은살."

2025년 7월 5일 토요일, '혼술'

"이번에 써 내려간 일기는
'전문적인 의학적 지식' 없이
정말 지극히 제 개인적인 생각을 쓴 글이니
이 점 꼭 유의하시고 읽어 주시길 바랍니다."

'혼술'

"혼자서 술을 마심. 또는 그렇게 마시는 술."

나는 혼술을 자주 한다. 전에 썼던 일기에도 '잠을 조금이라도 편하게 들기 위해서'라는 이유를 핑계 삼아 '혼술'을 꽤 자주 한다는 이야기를 스치듯이 얘기했던 기억이 있는 것 같다.

하지만 난 이 이유뿐만이 아닌 그 어떤 잡생각도 나지 않는 평온한 순간을 원할 때면 '혼술'을 한다. 그 어떤 잡생각도 나지 않게 하는 데에는 술만 한 게 없기 때문이다.

물론 내가 처음부터 이렇게 술을 자주 마셨던 것은 아니다.

아무래도 운동을 업으로 삼았던 사람인지라 흔히 말하는 '몸매 관리'는 굳이 말하지 않아도 거의 필수였기 때문에 괜스레 술을 마시고 싶은 날이면 아무 생각 없이 그냥 본능이 이끄는 대로 마셔 버리는 날들보다 억지로 참아 내는 날들이 정말 비교도 안 될 정도로 많았다.

헬스 트레이너와 필라테스 강사로 일했던 기간 10년을 그리 살다 보니, 헬스 트레이너와 필라테스 강사를 그만둔 이후로는 그동안 참아 왔던 술에 대한 갈증도, 지금의 내가 '혼술'을 자주 하는 이유에 한몫을 한다.

하지만 '몸매 관리'에 강박을 가지고 있는 나는, 현재 내가 가지고 있는 나의 몸을 꽤나 만족하는 편이기 때문에 술을 마셔도 그간 쌓여 온 내 나름대로의 노하우와 경험과 내 몸에 대한 데이터들을 토대로, 현재 내가 가지고 있는 나의 몸이 변질되지 않을 수 있는 정도의 양만큼만 잘 조절해서 딱 그만큼만 마시고는 이내 술잔을 내려놓고 곧바로 술상 정리에 들어가기 시작한다.

본래 '술'이란 게 마시게 되면 이성적인 판단의 끈을 놓아 버리기

마련인데, 나는 그런 술을 마시는 와중에도 이놈의 '강박증'이라는
녀석이 사그라들 생각을 하지 않는 것이다.

그간 써 내려갔던 일기들에서도 수도 없이 말했다시피
나는 정신 질환의 약을 복용하고 있다. 그래서 그런지
주변에서 자주 듣게 되는 말들이 몇 개 있다.

정신 질환의 약을 복용하는 사람들은 술을 마시면 안 된다는
무슨 '법'이라도 있는 것처럼, 우리에겐 거의 마치 '고정 관념'
으로 박혀 있기 때문인지

"너 술 마시는 날엔 그 약 먹으면 안 돼."
"너 지금 약 먹었으면 술 마시면 안 돼."
"정신 질환들 약을 먹고 있는 사람은 술 마시면 안 된대."

라는 식의 말들을 심심치 않게 듣는다. 아니, 많이 듣는다.

물론 이런 말들을 나에게 해 주는 많은 이가 나를 걱정하는 마음에
하는 소리란 것은 나도 잘 안다. 하지만 난 그럼에도 불구하고 나를
걱정해 주는 사람들에겐 미안한 얘기지만 나는 이런 말들을 들을 때가
가장 기분이 나쁘다.

왜냐하면 정신 질환들 약을 먹고 있다는 이유로
이미 색안경을 낀 채로 바라보는 듯하기 때문이다.

참 이상하게도 정신 질환들 약을 복용하고 있는
사람들에겐 술이 마치 '독약'인 것처럼 취급된다.

그러나,

이 부분은 조금은 더 현실적으로 생각해 볼 필요가 있다고
생각한다. '술'이라고 하는 것은, 사람이라면 그 누구에게도
좋지 못한 '알코올'이라는 독성 음료이다.

그럼에도 불구하고 정신 질환들 약을 복용하지 않는 본인들은
술을 마셔도 괜찮다는 듯이 얘기하는 것처럼 느껴지고

정신 질환들 약을 복용하는 사람들은 정신 질환들 약을 복용하기에
마치 술을 마시면 안 되는 사람인 것처럼 얘기하는 듯이 느껴진다.

그래서 나는, 물론 나의 '피해망상'일 수도 있겠지만 나를 걱정하는
마음에 그런 얘기를 해 주는 많은 사람 중에 극히 '일부'가 조금은
위선적인 사람으로 느껴질 때도 있다.

이와 같이 생각하고 얘기하는 사람들에게 내가 가끔 하는 얘기가 있다.

"너 감기 걸렸을 때, 감기약 먹는다고 술 안 먹어?"

"너 술 먹는 날이라고 술 먹기 전까지 감기약 안 먹어?"

물론 '술'이란 게 정신 질환의 약을 복용하고 있지 않은 사람들보다
정신 질환의 약을 복용하고 있는 사람들에게 더 좋지 않다는 사실은
나도 잘 알고 있다. 모르고 있는 게 아니다.

하지만,

그래도 솔직히 너무 과장되어 있는 부분도 분명히 있다고 생각한다.

나는 주변에서 본인이 요즘 감기약을 먹고 있다고 술을 마시면
안 된다며 술자리를 거부하거나 안 마시는 사람을 거의 본 적이 없다.

정신 질환의 약도 '마음의 감기'라는 질환의 감기약이다.

나는 나처럼 정신 질환의 약을 복용하고 있는 많은 사람이
적어도 나라는 사람 한 사람만큼은 그렇게 생각하고 있지 않으니
술을 마시고 싶은 날이면 한 번쯤은 맘 편히 좀 마시라고 그렇게
얘기해 주고 싶다.

한 번쯤은? 아니? '술'을 마시고 싶은 날이면 그게 몇 번이라도
본인의 건강을 해치지 않는 선에서 맘 편히 마셨으면 좋겠다.
그 마음의 자유를 좀 편히 마음껏 누렸으면 좋겠다.

이 세상에서 그 어떤 누구도 본인이 본인 자유를 누리는
것에 대해 핍박할 수 있는 사람은 절대 없다는 것을 기억하고,

이 세상에 그 어떤 누구도 본인의 자유를 침범할 수 있는
권리를 가진 사람은 단연코 없다는 것을 기억하고,

'특히'

본인이 '술'을 마시는 것이 결코 '죄'를 짓는 게
아니라는 사실을 명백히 기억하며 그리고 마지막으로,

"적어도 나라는 사람 한 사람은 그렇게 생각하고 있지 않으니
오늘 하루는 맘 편히 '술' 한잔 마셔 보라고 말해 주고 싶다."

그리고 이제 곧,

"오늘도 난 들어간다, 그 어떠한 잡생각도 나지 않는 그 평온함 속으로."

2025년 7월 6일 일요일,
'짙은 안개가 걷히고 나면'

나는 매일같이 새벽 일찌감치 일어나 운동을 간다.

그 이른 새벽, 차를 몰고 헬스장으로 향하는 길 중간 지점에는
양옆으로는 강이 흐르고 이름 모를 수많은 산이 줄기차게
산줄기를 이루어 그 강 주변을 모두 둘러싸고 있는, 다리로
형성된 길이 하나 나온다.

그 강 한가운데에 있는 다리를 건널 때면 요즘 무슨 이유에서인지
흐르는 강 위로는 물안개들로 자욱하고, 산들마저 흐릿하게
보일 정도로 이름 모를 산들 중턱에는 안개들이 걸터앉아 있다.

그렇게 자욱한 물안개들이 서성이는 흐르는 강을 바라보며,
짙은 안개들이 중간에 걸터앉은 이름 모를 산들을 바라보며,
헬스장을 가고 있노라면 안 그래도 고요한 그 이른 새벽에
달리는 차 안에는 왠지 모를 더한 고요함이 맴돈다.

그렇게 헬스장에 도착해 운동을 마치고 돌아가는 길이면
헬스장을 오는 길에 지나온 물안개와 안개로 자욱하기만 했던
똑같은 그 길엔 언제 그랬냐는 듯 흐르는 강 위의 물안개들이
말끔히 걷혀 있고, 이름 모를 산들을 가리고 있던 짙은 안개들도
걷혀, 물안개들로 가려져 희미하게만 보였던 그 강이, 안개들로
가려져 뿌옇게만 보였던 이름 모를 그 수많은 산이 마치 누군가가
형형색색의 물감으로 칠해 놓기라도 한 것처럼 아주 선명하게 보인다.

그렇게 이내 물안개가 걷히고 짙은 안개가 걷힐 때면 그제야 비로소
자욱한 물안개와 짙은 안개 속에 가려져 선명하지 못한 모습이었던,

양옆으로 흐르는 강을 이름 모를 산들이 줄기차게 산줄기를 이뤄
둘러싸고 있는 풍경을 선명하게 드러내며 이내
아름다운 자연 한 폭의 '절경'이 내 눈 앞에 펼쳐진다.

나 또한 이내 그럴 것이라 믿는다.

"이 짙은 안개가 걷히고 나면."

2025년 7월 7일 월요일, '경호원이 꿈이었던 시절'

나는 한때 '경호원'이 꿈이었던 시절이 있었다.

학창 시절 '문제아'였던 나는 '경호원'이라는 꿈이 생겼다는 이유로

어떻게든 대학에 가겠다는 생각까지 했었다. 이에 우리 부모님께서는 기특하다며 좋아하셨지만 넉넉지 못했던 우리 가정 형편에 부모님께 손을 벌리기는 싫어 꾸준히 아르바이트를 하면서 돈을 악착같이 모아 내가 손수 대학 등록금을 마련해, 한 대학의 '경호학과'로 입학했다.

'경호원'의 꿈을 가졌던 이유는 철없고 단순한 이유들이었다.

일단 멋있었다. 이게 첫 번째 이유였다. 그리고 또 다른 이유로는 그때 당시에도 지금도 나는 내 '여자 친구'는 무슨 일이 있어도 '내가 무조건적으로 지켜 내야 하는 사람'으로 여기는 성향이 강하다.

그때 당시 여자 친구가 있던 나는 이 사명감 넘치는 나의 성향이 내 '적성'이라고 생각했던 모양이다. 이와는 별개의 이야기 하나.

그래서인지 나는 과거에도 지금도 내가 가지고 있는 이상형의 몇 가지 '조건'들 중 하나가 내 '보호 본능'을 자극하는 사람이다.

근데 그렇다고 해서 또 '보호 본능'을 자극하면 '더 좋다'일 뿐이지 무조건적으로 '보호 본능'을 자극하는 '사람이어야만 한다'는 아니다.

아무튼 마지막 이유로는 내가 학창 시절 꽤나 오래 했던 운동인 '복싱'에 있다. 학창 시절 '문제아'였던 나는 내가 할 줄 아는 게 뭐가 있을까 생각하다가 '복싱'밖에 떠오르질 않아 이걸 살릴 수 있을 만한 건 또 뭐가 있을까 생각하다 누군가를 지켜 줄 수는 있겠구나~ 싶어 '경호원'을 생각하게 된 것이다.

이러한 이유들로 한 대학의 '경호학과'로 입학을 하게 되었다.

그렇게 대학에 입학하게 된 첫날, 신입생 환영회의 목적으로
학교 자체에서 초청 가수까지 섭외한 축제가 열렸다.

그때 당시 '레인보우'라는 걸 그룹과 댄스 가수들이 왔던 걸로 기억한다.
그런데 그 무대를 보면서 내가 악착같이 긁어모았던 내 대학 등록금이
이런 용도에도 쓰였다는 것을 생각하니 1차 '현자타임'이 왔다.

하지만 학교에서 간단하게나마 유도, 킥복싱, 제압술 등등을
배우며 단증을 땄던 종목도 있었고, 그때 당시에는 '복싱'
이라는 종목은 '단증'이란 것이 없었던 때라 내가 유일하게
할 줄 아는 '복싱'은 무용지물이 되어 아쉬웠지만 그래도
'경호 실습'으로 실제 현장에도 몇 번 나가고 나름 열심히 했다.

그러던 와중에 내가 '중퇴'를 결심하게 된 2차 '현자타임'이 찾아온다.
이론 강의를 들을 준비를 하던 중 술을 진탕 마셔 얼굴이 시뻘게진 채로
강의실에 들어오신 교수님을 보고는 '이곳은 도저히 내 대학 등록금을
몇 번이나 더 헌납할 곳이 못 된다.'라는 생각에 중퇴를 결정했다.

하지만, 예나 지금이나

쓸데없이 사명감 넘치는 이 나의 '보호 본능'엔 변함이 없다.

우리에게는 「별 헤는 밤」이라는 시로 가장 익숙하고
유명하신 '독립운동가' 시인 '윤동주' 선생님이 있다.

이 '윤동주' 선생님께서는 '시'라는 '글'로 묵묵하게
'독립 투쟁'을 해 오신 엄연한 '독립운동가'이시다.

이렇듯 우리는 지금의 우리를 있게 해 주신, 현장에 나가 목숨을 걸고
싸워 주심으로써 지금의 우리를 위해 숭고한 희생을 해 주신 분들만을
보고 '독립운동가'라고 칭하지 않는다.

그렇다면 꼭 현장에 나가 '육체적'으로 누군가를 지켜 주며
엄호해 주시는 '경호원'분들만을 '경호원'이라고 말할 수 있는 걸까?

'글'로써 그리고 '말'로써 누군가의 '정신적' 건강을 지켜 주고 싶은
'보호 본능'이란 것을 여전히 갖추고 있는 지금의 나.

어쩌면 나의 학창 시절 꿈이었던 '경호원'이라는 꿈은

아직까지 '현재 진행형'인 것일지도 모르겠다.

2025년 7월 8일 화요일,
'딱 3년만 미쳐 보세요'

"딱 3년만.. 미쳐 보세요."

내가 그다지 탐탁지 않게 생각하는 사람들 중 한 부류가
'본인이 안 해 본 것을 마치 해 본 것처럼 말하는 사람'들이다.

필라테스 강사로 근무하던 시절 그때 당시 나의 직급은 '팀장'이었다.
나는 수업을 병행하면서 신입 강사님들의 수업 현장을 모니터링을 하며
보완해야 할 만한 부분이나 수정해야 할 만한 부분을 메모해 놓고

신입 강사님들을 트레이닝을 시켜 드리는 교육 시간에, 모니터링을 하며
메모해 두었던 보완해야 할 만한 부분이나 수정해야 할 만한 부분을
전달하여 보다 퀄리티 높은 수업을 진행하실 수 있게끔 피드백을
해 드리는 일까지 도맡아 나름 강사님들을 도와드렸었다.

이 당시 우리 센터는 수업을 할 때면 강사님들의 목 보호 차원으로
마이크를 착용하고 수업을 진행하는 센터였기 때문에 수업을 하고 있는
장소 입구 앞에 앉아 모니터링을 하고 있으면 강사님들의 목소리와
수업을 하는 내용까지도 당연히 나에게 다 들렸었다.

나는 아무리 '팀장'이었어도 강사님들에게 단 한 번도
쓴소리를 한 적이 없다. 더군다나 그럴 성격도 못 된다.

하지만 내가 유일하게 쓴소리를 했던 일례가 하나 있다.

신입 강사님 중 한 분께서 수업을 하는 도중에 한 회원님이 하신
다이어트에 관한 질문에 대해
"음식은 어떻게 먹어야만 하고 운동은 어떤 식으로 해야 살이 빠진다."
라는 식의 대답을 하는 것이 들렸다.
나는 강사님의 수업이 끝난 직후
강사 대기실에 들어가 조심스레 강사님께 이야기를 꺼냈다.

이 신입 강사님은 운동을 원래 해 왔던 분이 아닌 우리 센터로 와서
실기 트레이닝과 이론 교육을 받으면서 그와 동시에 운동을 시작한
소위 말하는 운동 '입문자'분이셨고 그렇게 자격증을 취득하게 되셔서
실전에 투입된 강사님이셨기에 그럼 당연히 다이어트 경험은
전무할 것이라는 게 훤히 보였고 나는 그 당시 정확히 이렇게 얘기했다.

"쌤, 다 좋은데 본인이 안 해 보신 걸 해 보신 것처럼 얘기하는 건
하지 말아 주세요. 다이어트라는 거 안 해 보셨잖아요. 회원님들이
쌤 말만 믿고 따라 했다가, 쌤이 말한 대로 똑같이 했는데 다이어트가
안 되었을 땐 그때 그 회원님의 기분이 어떻겠어요.
본인을 속이는 건 상관없는데 남까지 속이지는 말아요, 우리."

이게 내가 '팀장'으로 근무하면서 뱉었던 유일한 쓴소리다.

물론 이해 못 하는 건 아니다.. 회원님께서 던진 질문에
무슨 대답이라도 해 드려야 했을 것이다.
하지만 내 성격에는 용납이 되지 않았다..

본인이 정확히 알고 있는 기본 지식이나 경험이 없다면

"그 부분은 사람마다 다르기 때문에
뭐라고 콕 집어 말씀을 드리기가 좀 어려워요."

라는 대답도 충분히 할 수 있지 않았을까 하는 아쉬움이 있었다.

현재 우리 부모님은 말은 안 하셔도 내심 자랑스러우셨는지
가게에 내 바디 프로필 사진들과 내 시합 때의 사진들을
액자에 담아 한쪽 벽면에 일렬로 나열하여 걸어 놓으셨다.

일반적인 사진들은 아니기에 당연히 손님들의 눈길이 많이 간다.

그러다 보니, 몸이 적나라하게 드러나는 옷을 입고 있을 때는
그런 일이 거의 없지만, 헐렁한 옷을 입고 있을 때면

생각보다 적지 않은 손님들께서, 특히 열이면 열 남자 손님들께서

"본인 맞아?"

"안 그래 보이는데?"

"요즘도 운동 계속하는 거야?"

"근육이 다 빠졌네."

와 같은 소리들을 많이 하신다.

이런 말들을 듣기 시작한 초반에는 이런 말들을 들어도
사람 좋아 보이는 웃음과 함께 "그래요?"라고 대답하며
별 대수롭지 않게 넘어갔다.

하지만 이게 지속이 되어 짜증이 쌓이다 보니 어느 날을 기점으로

"벗겨 봐야 알지 않겠어요?"

"운동이란 건 혹시 해 보셨어요?"

라는 짜증 섞인 대답들이 나오기 시작했다.

이런 거 보면 나는 아직도 '감정 조절'에 참 미숙한 사람인 것 같다.
이럴 때면 난 내 자신이 너무 싫어진다. 내 마음은 이게 아닌데..

헬스 트레이너로 근무했던 그 10년이라는 시간 동안에는 나름
안 다녀 본 지역 헬스장이 없었을 정도로 정말 많은 헬스장을 다녀 봤다.

생각보다 적지 않은 헬스장에서 그냥 운동 좋아하고 몸 좀 좋다는
이유로 헬스 트레이너로 고용되는 사람들이 생각보다 굉장히 많다.

그러한 트레이너분들은 바디 프로필 목적이나 시합 목적으로
찾아오는 회원님들을 담당하게 되면 본인이 직접 경험해 본 적이
없으니 당연히 그에 대한 데이터가 있을 리 만무하다.

그럴 때면 바디 프로필이나 시합 경험이 있는 트레이너에게
뒤에서 자문을 구한 뒤 다음 수업 때 본인이 그에 대한 경험을
직접 해 본 사람인 것처럼 수업을 진행한다.

아니, 이게 말이 안 되는 것 같지만 난 실제로 많이 봐 왔다.

우리가 흔히 PT라고 부르는 1:1 개인 레슨은 보통 평균적으로
10회당 50~60만 원에 1회당 한 시간 정도 수업을 진행한다.

그렇다면 회원님께서는 1회당 5만 원이라는 금액을 지불하고
담당 트레이너로 배정된, 그 사람의 '한 시간'이라고 하는
그 '시간'을 합당하게 돈을 주고 사는 것이다.

그럼 그 '한 시간'이라고 하는 그 '시간'은 엄연히 회원님의 것이다.

이 말은, 즉 금액을 지불한 회원님께서는 엄연히
그 담당 트레이너의 '고용주'가 되는 것이다.

그런데 본인을 속이는 것도 모자라 회원님까지 속이는 건
내 입장에서는 도저히 이해가 안 되고 납득이 가질 않는다.

"서당 개 삼 년이면 풍월을 읊는다."라는 말이 있다.

우리는 사람인데 서당 개보다는 낫지 않을까 싶다.

우리 눈 한번 딱 감고 무언가에 진짜 딱 '3년만' 미쳐 봐요.

"그래서 당당해져 봐요, 우리 같이 한번."

2025년 7월 9일 평범하지 못한 사람이 써 내려간 평범한 일기장 그 마지막 이야기, '가시덩굴'

멍 때리는 것을 좋아하는 나는 오늘은 문득 아무 이유 없이

온몸이 촘촘한 가시로 이루어져 서로가 뒤엉킨 채로

담을 넘고 있는 '가시덩굴'을 물끄러미 바라보았다.

...

"나는 너희들한테 살갗만 스쳐도 쓰라린데
그런 너희들은 서로가 서로를 아프게 하지는 않니?

그런데 그거 알아? 나는 너희들만 보면 왠지 모르게 멋있어.

세상 만물이 꽃들과도 같은 아름다운 존재로 태어나길 바랄 것인데

꽃이 되길 거부하고 마치 남자답게 '가시덩굴'로 태어나

서로를 아프게 하면서도 묵묵히 담을 넘는 그 우직함이,

서로를 아프게 하면서도 묵묵히 담을 넘는 모습으로
꽃이 아님에도 불구하고 비춰 내는 그 화려함이,

그렇게 서로를 아프게 하면서도 끝끝내 담을 넘어
너희들이 펼쳐 내는 그 장관의 모습이,

그렇게 너희들의 아픔을 작품으로 승화시켜 내는 그 모습이 말이야.

그러고 보니까 이런 면에 있어서는
너희들과 나는 조금은 닮은 구석이 있는 것 같아.

나도 나의 모든 아픔을 작품으로 승화시켜 내려는 삶을 살고 있거든.

나와 조금은 닮은 구석이 있는 너희들을 나는 더 닮아 가고 싶어.

꽃이 되길 거부할 줄 아는 그 용기를,

꽃이 되길 거부하고 '가시덩굴'로 태어난 그 남자다움을,

서로를 아프게 하면서도 변함없이 담을 넘는 그 우직함을,

서로를 아프게 하면서도 묵묵히 담을 넘는 모습으로
꽃이 아님에도 불구하고 비춰 내는 그 화려함을,

그렇게 서로를 아프게 하면서도 끝끝내 담을 넘어
너희들이 펼쳐 내는 그 장관의 모습을,

이런 너희들을 닮아 너희들의 그 멋있는 모습을 흉내라도 낼 수 있다면

나도 차라리 꽃이 되길 거부하고 '가시덩굴'로 살아갈래."

"그렇게 아픔을 작품으로 살아갈래."

'가시덩굴'

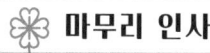

마무리 인사

글은 잘 읽어 보셨는지 모르겠습니다.

처음에는 단지 제 하루의 일상들을 기록하고자 아무 생각 없이
'카카오톡 나와의 채팅창'에 써 내려갔던 이 일기들이 이렇게
책으로 만들 생각까지 도달하게 될 줄은 저조차도 몰랐습니다.

이렇게 마무리 인사를 드리며 생각해 보니
제 하루의 일상을 기록하는 것과 더불어 어쩌면
제 '우울함'을 어딘가에 표출하고 싶었던 것 같기도 합니다.

제 '우울함'을 어딘가에 표출해 내고자 하는 이 욕심과
"그래도 비교적 '행복한' 사람보다는 '우울한' 사람의
감수성이 조금이라도 더 풍부하지 않을까." 하는 저의
안일함에 참으로 형편없는 글솜씨로 누군가의 마음을
공감해 주고, 위로해 주고, 힘이 되어 주고자 하는 어쩌면
참으로 주제넘는 판단이었던 것일지도 모르겠습니다.

그럼에도 불구하고 지금 이 책을, 이 글을 읽어 내려가 주신 모든 분께
진심 어린 감사의 말씀을 드리겠습니다.
감사합니다.

만에 하나 단 한 사람이라 할지라도 그렇게 누군가에겐

그게 한낱 위로에 불과했을지라도,

또 턱없이 부족한 힘이었을지라도 좋으니,

그렇게라도 그 누군가에게는 작게나마 희망이 되어,

지쳐 버린 심신이 조금이라도 쉬어 갈 수 있었던,

하늘을 상대로 한 점 부끄럼 없이 정말로 제 모든 진심을 담아

이 책을 읽어 주신 독자분들에게 그런 공간이 되었다면 좋겠습니다.

그러하지 못했더라면 추후에는 조금 더 성숙한 저로 돌아와

기필코 단 한 사람에게라도 힘과 위로가 되어 줄 수 있는

책으로 찾아뵙겠다는 약속을 마지막으로 다시 한번

감사의 인사 올리겠습니다.

긴 글 읽어 주셔서 감사합니다.

끝으로 "중. 꺾. 마."라고 많이 불리는

"중요한 건 꺾이지 않는 마음."이라는 말이 있습니다.

이 말이 너무 좋은 말임은 분명하지만,

개인적으로 '신조어'를 좋아하지 않는 제가

조금 더 담백할 수 있는, 조금 더 강렬히 와닿을 수 있는
이와 비슷한 맥락의 뜻을 가진 제 삶의 '신조' 중 하나를
말씀드리며 마무리 짓겠습니다.

나는 "부러질지언정 '절대' 굽히지는 않는다."

- 결코 평범하지 '못한' 사람 올림 -

결코 평범하지 '못한' 사람이
써 내려간 '평범한' 일기장

1판 1쇄 발행 2025년 11월 5일

지은이 최세호

교정 주현강 **편집** 김다인 **마케팅·지원** 이창민

펴낸곳 (주)하움출판사 **펴낸이** 문현광

이메일 haum1000@naver.com **홈페이지** haum.kr
블로그 blog.naver.com/haum1000 **인스타그램** @haum1007

ISBN 979-11-7374-182-1(03810)